René Bickel

Impfung
Die große Illusion

Mayra Publications

Titel der Originalausgabe:
VACCINATION : LA GRANDE ILLUSION

Copyright: © 2003 – 2018 René Bickel

Copyright © 2019 René Bickel und Mayra Publications

Zeichnungen, Text und Umschlag von René Bickel

Übersetzung und Lektorat: Colette Welter, PhD

Jahr der Veröffentlichung: 2019

ISBN-13: 978-90-79680-825

Herausgeber: Mayra Publications

Alle Rechte vorbehalten. Weder der Inhalt der vorliegenden Ausgabe oder Teile daraus dürfen ohne die vorherige schriftliche Genehmigung des Herausgebers vervielfältigt, in einer automatisierten Datenbank gespeichert oder in sonst irgendeiner Weise elektronisch, mechanisch, z. B. durch Fotokopieren, oder durch andere Medien veröffentlicht werden.

Alle veröffentlichten Bücher von Mayra Publications sind urheberrechtlich geschützt. Registriert in Mexiko beim *Public Registry of Copyright* mit der Registrierungsnummer 03-2014040412165-800-14.

Zur Absicherung des Herausgebers erklärt sich der Autor dieses Buchs voll verantwortlich für den Text und Inhalt dieses Buchs.

Das Impfen ist, wenn man dessen Gefahren nicht kennt, eine Dummheit; Wenn man sie kennt, ein Verbrechen.

Dr. med. Franz Hartmann

Vorwort

Als seit 50 Jahren praktizierender Arzt habe ich viele Fälle gesehen, in denen Patienten eindeutige Nebenwirkungen von Impfungen erlitten haben, die andere Ärzte nicht als solche erkannt haben. Schon früh habe ich gesehen, welche schweren Schäden Impfungen bei Kindern verursachen können. Aus diesem Grund habe ich sehr viel Zeit und Energie in die Erforschung von Impfstoffen investiert. Was ich hierbei herausgefunden habe, waren teils katastrophale Ergebnisse, welche die Impfstoffhersteller in ihren Studien nicht veröffentlichen. Aufgrund persönlicher Erfahrungen sowohl mit Patienten als auch in der Wissenschaft habe ich mich bewusst dazu entschieden, als Arzt für Impfstoffsicherheit sowie für Patienten- und Elternrechte rund um Impfungen einzutreten.

Ich war einer der ersten, der Artikel über Impfschäden veröffentlichte, und ich schrieb damals zahlreiche Artikel und Bücher darüber. Obwohl meine Arbeit stets eine medizinisch-wissenschaftliche Sicht vertrat, kann ich die Arbeiten des Karikaturisten René Bickel in diesem Buch nur empfehlen. Er beschreibt die Geschichte des Impfens auf scharfsinnige und zugleich humorvolle Weise und zeigt die Gefahren auf, welche die Medizin und die Pharmaindustrie zu verbergen versuchen.

Ich spreche Herrn Bickel mein Lob aus für seine Bemühungen, die Realität derart treffend abzubilden und hierdurch ein sehr ernstes Gesundheitsproblem offenzulegen: Impfstoffe, ihre Unwirksamkeit und vor allem ihre schädlichen Nebenwirkungen.

Ich hoffe, dass die Leser seine Karikaturen genauso genießen werden wie ich.

Harold E. Buttram, MD

Zertifizierter Umweltmediziner

Board Certified, Umweltmedizin, USA

Der größte Skandal in der Geschichte der Medizin

Dieses außergewöhnliche Comic-Buch des französischen Karikaturisten René Bickel handelt von einer vermeintlich präventiven medizinischen Vorsorgemaßnahme der heutigen Zeit, welche aber auf die Gesundheit aller schwerwiegende Folgen hat.

Impfungen: Die große Illusion will uns deutlich machen, dass bei Impfungen heutzutage gezielte Manipulation und Desinformation das Sagen haben.

Bickels Buch über die tragische Geschichte des Impfens ist informativ und bleibt dabei trotzdem humorvoll. Es veranschaulicht mit Kunst und Witz, wie sehr die Pharma-Industrie außer Kontrolle geraten ist, wenn es um Impfstoffe geht.

Der gewitzte Einsatz von Illustrationen des französischen Künstlers macht die Geschichten über die großen Pharmakonzerne überraschend lustig und stellt dabei gleichzeitig dar, wie völlig unlogisch der Glaube an Impfungen ist.

Es ist an der Zeit, einen der größten Skandale in der Geschichte der Medizin aufzudecken und zwar den der nicht nur überflüssigen sondern auch gefährlichen Impfungen!

Dr. med. Catherine J. Frompovich

> *In den Zeitungen, in Enzyklopädien, in Schulen und Universitäten: überall wärmt sich der Irrtum an der Sonne, im Bewusstsein, daß die Mehrheit auf seiner Seite ist!*
>
> Goethe

Präsentation

Ich heiße Sanarix. Mit meiner Freundin Libertix stelle ich dieses Werk vor. Es bringt Euch sehr wichtige Informationen für euer Leben und Eure Gesundheit.

Dieses Buch sollte als "gut für das Allgemeinwohl" anerkannt werden und von allen gelesen werden!

Damit es nicht allzu schwer zu lesen ist, sind die Referenzen nicht systematisch angegeben. Aber alle Informationen sind historisch und wissenschaftlich verifizierbar!

Am Ende des Buches gibt es eine Bibliographische Liste.

> *Scharlatane wollen nicht, daß man die Wahrheit entdeckt. Das würde ihre Tricks auffliegen lassen, ihren Gewinn verhindern und ihre Schande öffentlich machen.*
>
> Lanza del Vasto

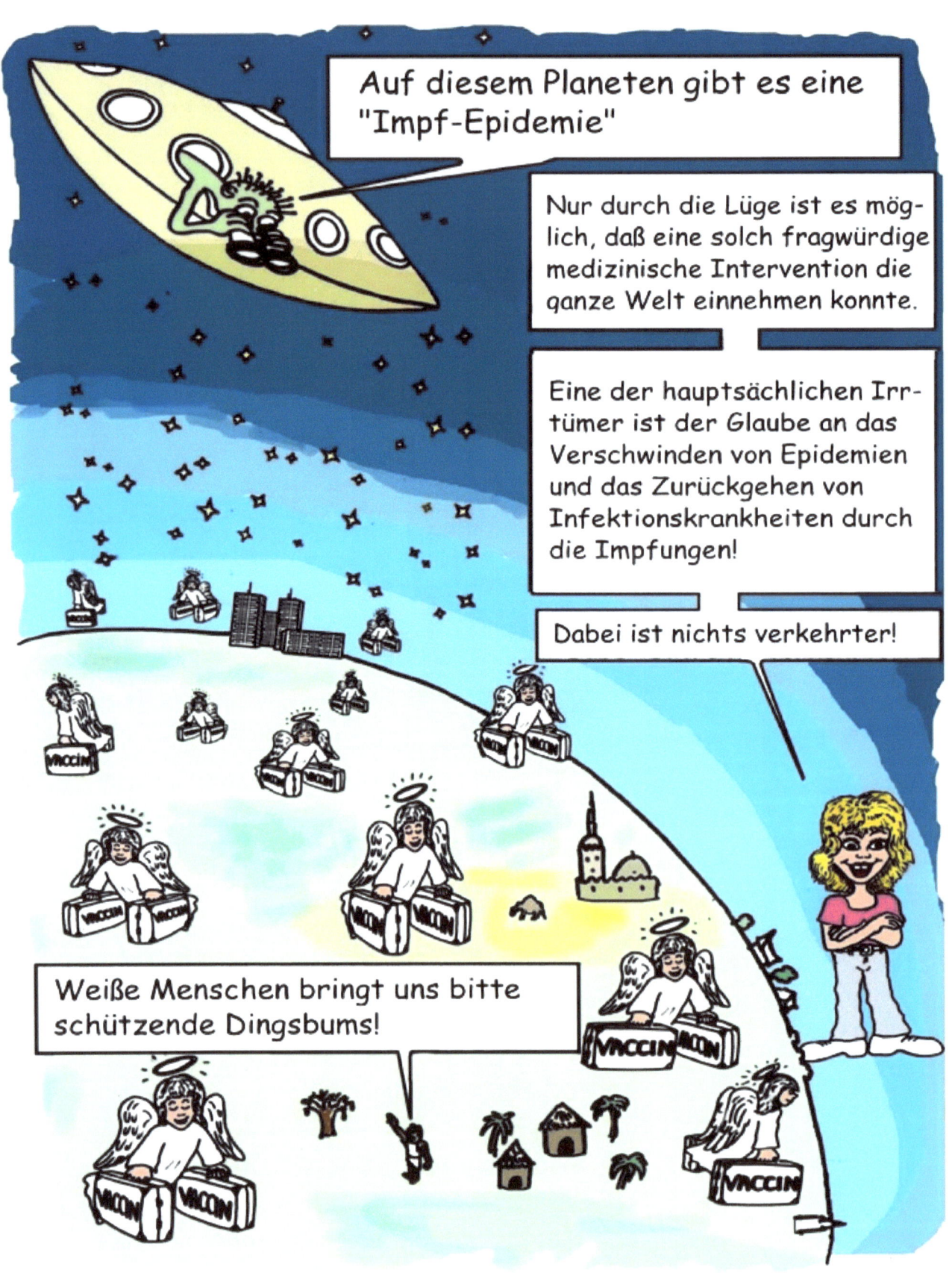

Ursachen der Epidemien und Infektionskrankheiten

Ursachen der Krankheiten sind Ungleichgewichte - und diese kommen von falscher Ernährung und emotionalen Problemen.

Früher gab es Epidemien in unruhigen Kriegszeiten und dadurch kamen Hungersnöte und andere Miseren.

Sie verbrennen unsere Ernte!

Was wird aus uns werden?

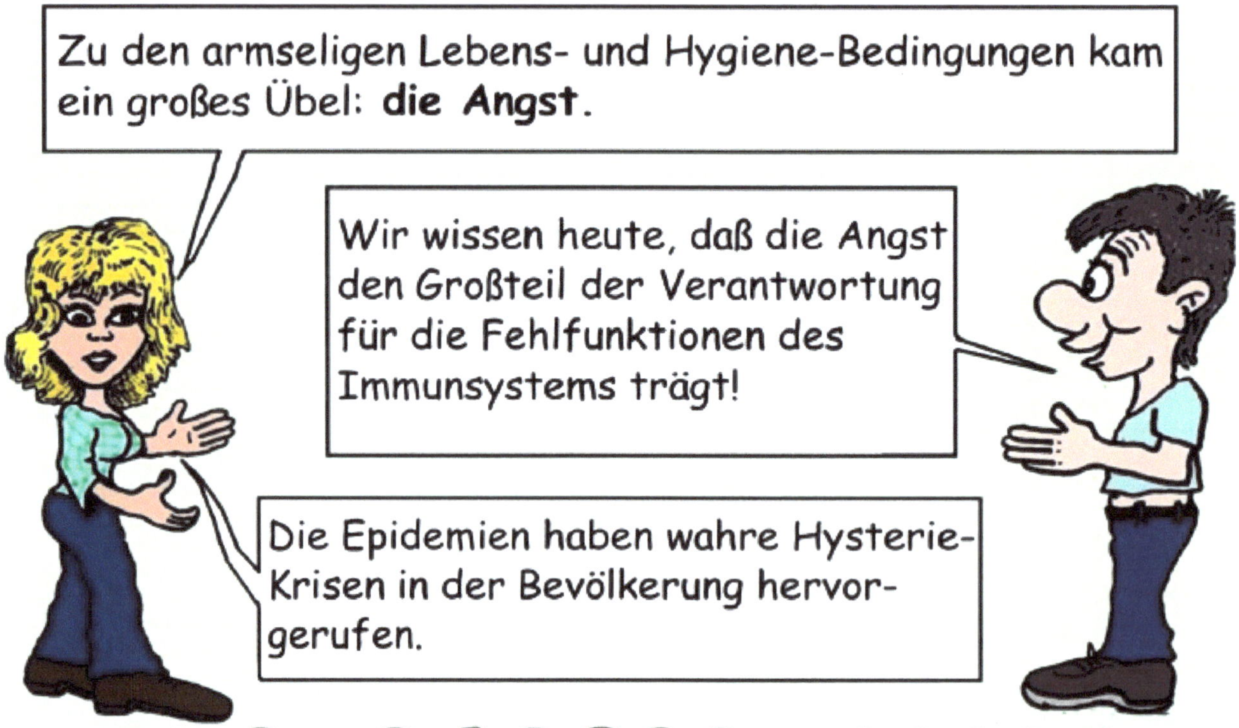

Die Sklaven vom Beginn des Industriezeitalters

"Man muß sie sehen, wie sie jeden Morgen in die Stadt kommen und am Abend wieder weggehen. Unter ihnen sind eine große Anzahl von Frauen, blaß, unterernährt, die barfuß inmitten des Schlamms gehen... junge Kinder, nicht minder mit genauso eingefallenen Wangen, Arbeit an den Webstühlen verfetteten Lumpen."

Dr. Villermé 1840

Man redet uns von der Moral des Lebens; man hat nicht das Recht sich das Leben zu nehmen; Selbstmord ist Feigheit... Dennoch töten wir uns jeden Tag etwas mehr.

Ich töte mich, wenn ich damit einverstanden bin, in einem Lokal zu verweilen, in das nie die Sonne scheint.

Ich töte mich, wenn ich stundenlang Arbeiten erledige, von denen ich weiß, daß sie zu nichts gut sind.

Ich töte mich, wenn ich meinen Magen weder mit der genügenden Menge und Güte der Nahrung zufrieden stelle, die er braucht.

Ich töte mich jedes Mal, wenn ich einverstanden bin, Menschen und Gesetzen zu gehorchen, die mich unterdrücken.

Libertad (1907)

Zwischen 12 und 16 Stunden täglich, manchmal seit der Kindheit. Die Existenzbedingungen der Arbeiterklasse waren unmenschlich!

Ein Freund hat sich die Arbeiterviertel angeschaut. Es scheint, daß sie dort leben wie die Tiere.

Schlimmer als das, Madame!

Weil sie andere Möglichkeit haben, hausen mehrere Familien zusammen in keine gesundheitsschädigenden Elendsquartieren, ohne fließendes Wasser, ohne Latrinen und wo die Sonne niemals hineinschaut

"Leben heißt für sie, nicht sterben"

Diese tragische Beschreibung des Lebens eines Webers, der zuhause in Nantes arbeitet, stammt von Doktor Guépin, 1835:

"Wenn Sie wissen möchten, wie er wohnt, gehen Sie zum Beispiel in die Rue des Fumiers (Misthaufenstraße), in der fast nur Menschen dieser Sozialklasse hausen. Bücken Sie sich tief, wenn Sie in eine dieser Kloaken. offen an der Straßenseite und tiefer gelegen, eintreten.

Man muß einmal in diesen Gassen gewesen sein, sie sind kalt und feucht, wie Keller. Man muß einmal gespürt haben, wie der Fuß auf diesem glitschigen Boden ausrutscht und die Angst, in diesen Schlamm zu fallen, gefühlt haben, um sich ein Bild von diesem Ekel zu machen, der einen befällt, wenn man diese Elends-Arbeiter besucht.

Treten Sie ein, wenn der faulige Gestank Sie nicht rückwärts zwingt. Passen Sie gut auf, denn der unebene Boden ist nicht mit Fliesen belegt und wenn, dann sind die Fliesen so schrecklich verschmutzt, dass man sie gar nicht mehr sehen kann.

Und dann sehen Sie diese drei oder vier wackligen, schräg hängenden Betten. Die Schnur, die sie an das Gestell befestigt, ist selbst halb kaputt. Ein Strohsack, eine Decke aus zerfetzten Lumpen, nie gewaschen, weil es nur eine gibt. Hier arbeiten Menschen bei Kerzenlicht, denn Tageslicht kommt kaum hinein, im Winter ohne Feuer, ohne Sonne, während 14 Stunden für einen Lohn von 15 bis 20 Sous.

Die Arbeiter in den Fabriken, unter ihnen zahlreiche Kinder und Frauen, hatten es nicht besser."

(1) Vitamin C spielt eine lebenswichtige Rolle im Metabolismus des Körpers.

Gegenüber den unbarmherzigen Arbeitgebern, welche auch noch mit den Politikern klüngelten, haben Arbeiter sich, trotz gewalttätiger Verfolgung und Bestrafung, erhoben. Viele dieser Männer und Frauen wurden geopfert. Dank ihrer haben sich die Lebens- und Hygienebedingungen langsam verbessert. Dies hat eine deutliche Verbesserung des Gesundheitszustandes zur Folge gehabt. Doch fälschlicherweise wird dies der Medizin zugute gehalten.

Nach und nach wurden zu dieser Zeit Impfstoffe entwickelt. Aber diese haben keinen positiven Einfluss auf die Gesundheit gehabt, ganz im Gegenteil.

Impftheorie

Das Impfen beinhaltet eine Stimulierung des Immunsystems durch das Einführen eines mikrobiellen Angreifers - abgeschwächt, getötet oder per Gentechnologie hergestellt.

Impfung gegen einen ansteckenden Erreger oder Keim sorgt vermutlich dafür, dass das Immunsystem für eine gewisse - eher unsichere Zeit - eine Erinnerung an diesen Erreger behält.

Auf den ersten Blick einfach, wird diese Theorie durch Beobachtung und die Entdeckungen der modernen Immunologie systematisch widerlegt.

Paß auf!!! Wir beobachten dich!

Die Mikrobe ist nicht die Ursache von Krankheiten. Wir sollten uns von diesen untätigen allopathischen Träumen und vergeblichen Vorstellungen nicht mitreißen lassen, sondern die Lebenskraft korrigieren.
Dr. James Tyler Kent: *Repertorium der homopathischen Arzneimittel*, 1897.

Die "Ver-Kuh-ung"

Um das Jahr 1880 machte sich ein Chemiker namens Louis Pasteur selbst berühmt, indem er die Arbeiten des Professors Antoine Béchamp als seine ausgab. Das Werk dieses Wissenschaftlers ist umfangreich, aber unbekannt, weil es nicht in die damaligen Theorien der Krankheits-Geschäftsleute passte.

Das Drama ist jetzt, daß Pasteur sich in eine komplett falsche Richtung mit seiner Mikrobentheorie begibt.

Doktor der Physikwissenschaften Antoine Béchamp

Professor Béchamp Aggregation in Pharmazie

Doktor der Medizin Professor Antoine Béchamp

PROF. ANTOINE BÉCHAMP

Professor Antoine Béchamp

Konferenzmeister an der Medizinakademie in Paris
Professor an der Fakultät für Medizin in Montpellier
Professor an der Pharmazeutischen Schule in Strassburg
Erster Dekan an der Fakultät für Medizin und Pharmazie in Lille

(1) Sehr giftige Substanz, welche, laut Professor Louis-Claude Vincent, nach und nach das Terrain in Richtung Degenerierung verändert.

Nach dem Experiment von Pouilly Le Fort, haben andere Länder die Impfung gegen Milzbrand eingeführt. Es gab einen totalen Reinfall, ungefähr 200.000 Schafe starben nach dieser Pasteur-Impfung. Aber es wurde ja nicht der abgeschwächte Impfstoff aus Pouilly Le Fort verwendet! (1)

(1) Louise L. Lambrich: *Les vérités médicales*, 22 Juli 2013, Paris.

Philippe Decourt: *Les vérités indésirables: Le cas Pasteur*, 1989.

Xavier Raspail und Pasteur: *Trente ans de critiques médicales et scientifiques*, 1916.

Tollwut - eine Geißel Gottes?

(1) Ethel Douglas Hume: *Béchamp or Pasteur? - A Lost Chapter in the History of Biology*, 2018.
Dr. Éric Ancelet: *Pour en finir avec Pasteur : Un siècle de mystification scientifique*, 1999.

Die Impfungen sind nur abscheuliche hygienische Mystifikationen, welche die Wissenschaft und die Praxis der Heilkunst ignorieren und damit die Menschheit dezimieren um die Impfärzte zu bereichern.

Dr. Hubert Boens

Wir haben uns selbst in die Situation der Verbraucher manövriert, die wissenschaftliche Manipulation hat uns dazu gebracht.

Dr. Didier Tarte

Jede Impfung ist ein Skandal, auf wissenschaftlicher Ebene betrachtet.

Dr. Jacques Maurice Kalmar

Monstrositäten wie die Impfung basieren nicht auf Wissenschaft, sondern auf Geld.

Professor Jules Tissot

Zauber der Statistiken

Diagramm-Spielchen

Diphtherie: schon wieder Betrügerei um eine Impfung

Im Jahr 1941 waren die Kinder in Frankreich gegen Diphtherie geimpft. Trotzdem hat sich die Zahl der Fälle 1943 verdreifacht.

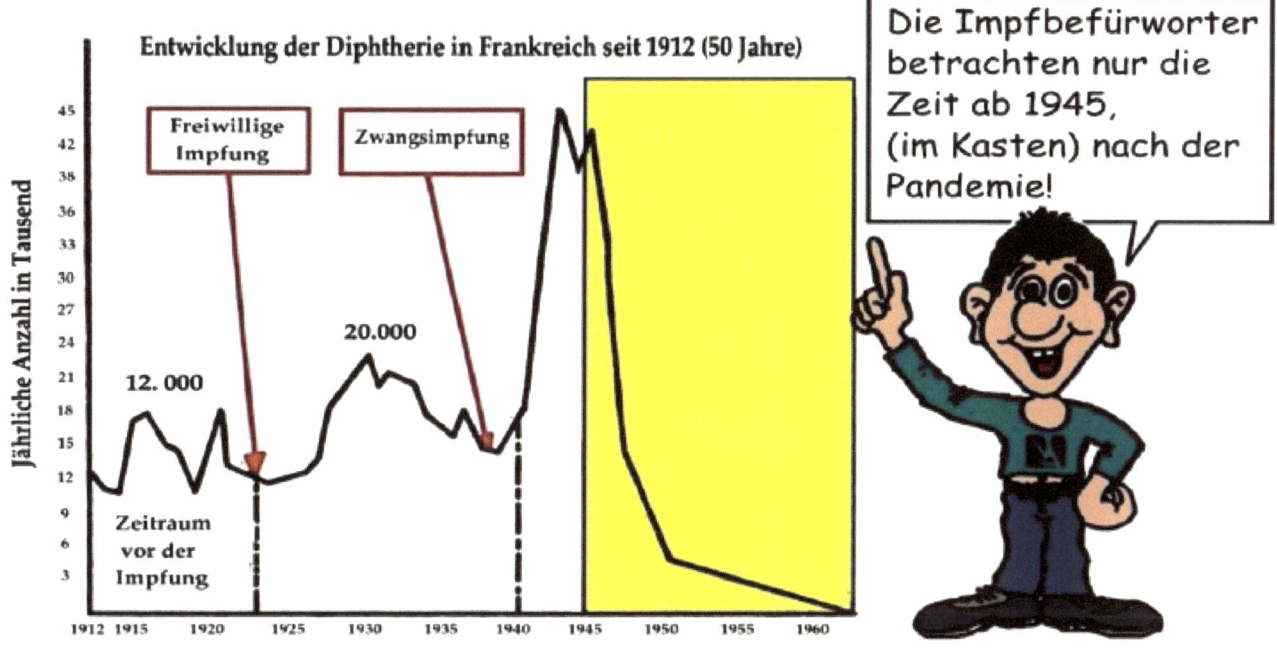

Entwicklung der Diphtherie in Berlin von 1938 bis 1950 im Zusammenhang mit der Impfung
Zahl der Todesfälle auf 100.000 Einwohner. Logarithmische Skala.

Diphtherie

(1) Fernand Delarue: *Les vaccinations n'ont pas fait régresser les épidémies*, Paris 1982. (Die Impfungen haben keinen Einfluss auf die Epidemien gehabt).

Pocken: Nur ein paar Fakten unter vielen

Im Mai 1871 behauptete die englische medizinische Obrigkeit, daß 87,5 % der Bevölkerung geimpft seien. Trotzdem gab es im Jahr danach die schlimmste Epidemie in der Geschichte des Landes. 44.840 Tote waren zu beklagen.

Schottland war damals das Land mit der höchsten Impfquote. Dort sind zwischen 1855 und 1875 mehr als 9000 geimpfte Kinder an Pocken gestorben.

In den Jahren 1870 bis 1871 sind in Deutschland 120.000 Menschen an Pocken gestorben. Geimpft waren 96% von ihnen.

Die Beispiele, die beweisen, daß die Impfung die Zahl der Pockenerkrankungen in die Höhe trieb, sind zahlreich. (1)

Fast ein Jahrhundert später war die WHO gezwungen, zuzugeben, daß die Massen-Vakzination es nicht geschafft hat, die Pocken seltener werden zu lassen und daß, ohne Isolierung der Erkrankten und Überwachung der Kontaktpersonen, die Epidemien weiter wüten.

(1) Fernand Delarue: *Les vaccinations n'ont pas fait régresser les épidémies*, Paris 1982. (Impfungen haben Epidemien nicht zurückgehen lassen).

Laut offiziellem Report der Enquete-Kommission, geleitet auf den philippinischen Inseln von US General-Inspektor Leonard Wood.

Ich bin fest davon überzeugt, man kann zeigen, daß die Impfung keinerlei Einfluss auf das Seltener werden der Pocken hatte. Die meisten Menschen sind an den Pocken gestorben, die sie durch die Impfung bekommen haben.

Dr. J.W. Hodge, *The Vaccination Superstition: Prophylaxis to Be Realized Through the Attainment of Health, Not by the Propagation of Disease; Can Vaccination Produce Syphilis?,* Forgotten Books, 2017.

Der Impfung irgend einen Nutzen gegen Pockenerkrankung zuschreiben zu wollen, ist Schwindel, blauer Dunst.

Dr. med. Hugo Meyer

Der Impfstoff ist die moderne Aqua Toffana.

Professor Dr. med. Hirschel

Die Tuberkulose und der BCG (Bacillus Calmette-Guérin)

Der Rinder-BCG ist 1955 verboten worden, da die Tuberkulinierung das Rindfleisch zum Verzehr ungeeignet machte.

Sie werden uns endlich mit ihrem unwirksamen BCG in Ruhe lassen

Jajaja... aber er wird jetzt bei dem menschlichen Vieh angewendet.

Unwirksam bei uns, aber wirksam beim Menschen?

Sie sind ja komplett verrückt geworden!

Die Menschen müssen schon zu Menschenfressern werden, bevor man ihnen die BCG-Impfung verbietet!

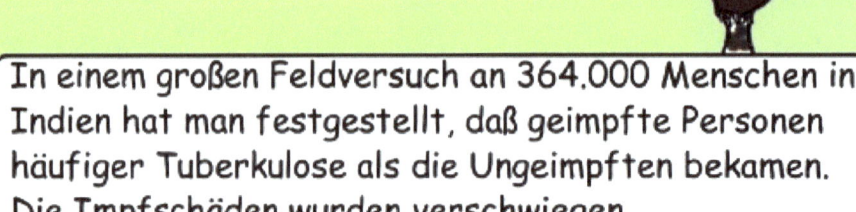

In einem großen Feldversuch an 364.000 Menschen in Indien hat man festgestellt, daß geimpfte Personen häufiger Tuberkulose als die Ungeimpften bekamen. Die Impfschäden wurden verschwiegen.

Ich bin sprachlos darüber, daß die Legende der Sicherheit der BCG-Impfung sich so leicht hat in den Köpfen festsetzen können. Der einzig sichere Impfstoff ist der, der nie benutzt wird.
Dr. James A. Shannon, (National Institutes of Health)

Die BCG-Mafia

Der BCG verursacht heftige Proteste unter einigen Mitgliedern der Ärzteschaft. Ihr Hauptargument ist folgendes: wenn die Tuberkulose eine Krankheit ist, die keine Immunität hinterlässt, dann kann die Impfung auch keine Immunität verursachen.

Darüber hinaus ist bewiesen worden, daß die Erstinfektion durch die Impfung, die Krankheit verursachen kann.

Ihre Argumente haben Gewicht, aber wir können die Situation unter Kontrolle behalten.

Wenn ein Autobus mit 40 Schülern an Bord in eine Schlucht stürzt, dann wird auf der ersten Seite aller Zeitungen über dieses Drama berichtet. Hunderte Kinder aber werden jedes Jahr durch den BCG getötet, aber darüber berichtet niemand, sie bleiben anonym! Das Huhn mit den goldenen Eiern des Institut P... würde geschlachtet werden und als Suppenhuhn enden! Die Ärzteschaft darf in keinem Fall informiert werden.

Ihr sollt jetzt eine schreckliche Wahrheit erfahren: jedes Mal, wenn Ihr über den schrecklichen Tod eines Kindes an "viraler Meningitis" in den ersten Lebenswochen hört, dann könnt Ihr getrost annehmen, der BCG hat sie verursacht, sogar dann, wenn der Obduktionsbericht bestätigt, daß es sich um eine "tödliche virale Encephalitis" handelte.

Wenn der Arzt, welcher für diesen Horror verantwortlich zeichnet, sich über den Zusammenhang bewusst ist, dann ist er ein "aufgeklärter Krimineller" und ein Feigling, weil er es für sich behält. Wenn er die Zusammenhänge nicht sieht, dann ist er ein gefährlicher Idiot, der gleich zum Wiederholungstäter wird.

Dr. Jean Elmiger, *La Médecine retrouvée*, 2012.

Holland war 1945 das europäische Land, welches am meisten unter der Geißel Tuberkulose zu leiden hatte. Ohne je die Impfung angewendet zu haben, war 1974 die Krankheit vollständig verschwunden. Aber, genau dort, wo der BCG angewendet wurde, gingen Tuberkulose-Erkrankungen nicht zurück oder gar in die Höhe. Statistisches Mitteilungsblatt des Gesundheits- und Sozialministeriums (Nr. 1, 1974).

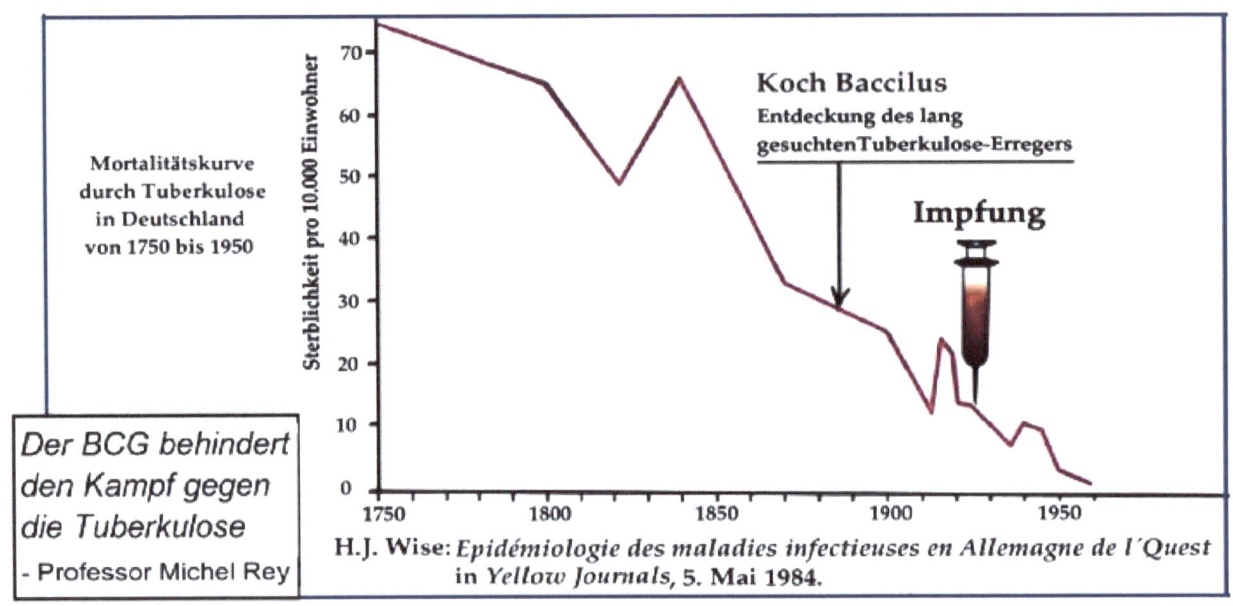

Der BCG behindert den Kampf gegen die Tuberkulose
- Professor Michel Rey

> *Die vollständig grundlose Impfung mit dem BCG hat nur Nachteile und beinhaltet Gefahren. Diese Impfung muß ersatzlos aus den Impfprogrammen gestrichen und aus dem Katalog der Maßnahmen im Kampf gegen Tuberkulose genommen werden. Für uns ist die BCG-Impfung wissenschaftlich nicht mehr haltbar und medizinisch nicht mehr zu vertreten.*
>
> Prof. Dr. Med. Dr. Phil. Enno Freerksen (1)

(1) In Frankreich bis 2007 obligatorisch.
(2) Zitiert von Dr. Goudrau, Direktor des Nationalen Komitees gegen die Tuberkulose und Professor Parienté, Pneumologe, in: *Concours Médical* (Band 96, 1974).

Die Vegetarier behaupten schon immer, daß der Verzehr von tierischem Fleisch nach und nach beim Menschen die Bestialität des geschlachteten Tieres einführt. Und wer spricht hier von Verzehr? Hier wird durch die Haut injiziert. So kann es unkontrolliert in den Organismus gelangen. Die Gevatter Calmette und Guérin haben es nicht dem Zufall überlassen: sie wählten die Kuh! Dieses ruhige Rindvieh wird langsam aber sicher zu dem ähnlichen, quasi elterlichen Bindungsglied der großen Familie der Franzosen

Dr. Jean Elmiger: *Rediscovering Real Medicine: The New Horizon of Homeopathy*, 2001.

Poliomyelitis: eine Impfung, koste sie was sie wolle I

Poliomyelitis: eine Impfung, koste sie was sie wolle II

(1) Dr. Neveu: *Comment prévenir et guérir la poliomyélite* (Vermeiden und Heilung von Polio), Editions Dangles.
(2) Dr. Fr. Klenner: *The treatment of poliomyelitis and other virus diseases with vitamin C* (Behandlung von Polio und andern viralen Krankheiten mit Vitamin C), J. Southern Med. Surg, 1949.

(3) Lwoff, A., Lwoff, M.: *Remarques sur quelques caractères du développement du virus de la polio* (Bemerkungen zu einigen Eigenschaften des Poliovirus), C.R. Académie des Sciences, 1970.

Fast alle Poliomyelitis-Fälle in den USA, von 1980 bis 1994 sind durch die Schluckimpfung selbst verursacht worden.
Dépêche AFP, 1. Februar 1997

Seit 1957 zählt die WHO (oder WGO, Weltgesundheitsorganisation) in ihren Statistiken nur noch die Polio-Fälle mit Lähmungen, während vor der Impfung alle Erscheinungsbilder der Polio mitgezählt wurden. So kann man leicht einen Rückgang, weit entfernt von der Wahrheit, vortäuschen.
Viera Scheibner, PhD, Expertin aus Australien

Entgegen des weitläufigen früheren Glaubens über die Impfstoffe gegen Poliomyelitis, ist es nun offenkundig, daß der Lebendimpfstoff nicht ohne die Gefahr einer Lähmung gegeben werden kann. Der virale Lebendimpfstoff transportiert in sich selbst das Risiko eine Polio mit Lähmung hervorzurufen und zwar sowohl bei dem Geimpften, als auch bei dessen Kontaktpersonen.
Dr. Jonas Salk

Dr. Salk hat in den fünfziger Jahren den ersten bekannten Impfstoff gegen Polio eingeführt.

Tetanus (Wundstarrkrampf): Ruhe, hier wird geimpft!

(1) Experimente haben eindeutig gezeigt, daß Magnesiumchlorid auch bei der Vorbeugung und Heilung von Diphtherie und Poliomyelitis sehr effizient ist - wenn die Behandlung rechtzeitig eingesetzt wird.

Der Rückgang von Tetanus bei der Bevölkerung hat vor der Einführung des Anatoxin-Impfstoffes angefangen.

Medical Journal of Australia, 1978

Hepatitis B: eine "Geister-Epidemie"

Die Impfkampagne war ein Husarenstück. Das Gewissen der Menschen wurde "vergewaltigt". Sogar 80-jährige Omas kamen, um ihre Impfung zu bekommen.

Professor Alain Frisch

Hepatitis B: Das Massaker

Die Feststellung, daß bei Kleinkindern, die kurz nach einer Impfung gegen Hepatitis B sterben, stets ein Hirnödem (Encephalopathie) gefunden wird, ist besorgniserregend... Kinder unter 14 Jahre haben ein größeres Risiko durch die Impfung zu sterben oder an den schweren Nebenwirkungen zu leiden, als daß sie (ungeimpft) die Krankheit bekommen würden.

Dr. Jane Orient, Direktorin der amerikanischen Gesellschaft der Ärzte und Chirurgen

Die Häufigkeit der Hepatitis B ist schon vor der Einführung der Impfung zurückgegangen. Eine gute Nachricht! Genau wie die andern Lebererkrankungen, heilte die Hepatitis B spontan aus mit einer natürlichen Lebensweise.

Das dürfen sie ja nicht sagen! Wenn die Leute keine Angst mehr haben, ist das schlecht für das Geschäft!

Reduziert in eurer Ernährung alle schweren Nahrungsmittel wie Wurstwaren, Fleisch, Milchprodukte, zu viel Kohlehydrate (Zucker und Mehlspeisen). Noch besser: schließt sie ganz aus! Esst mehr Früchte, rohes Gemüse, reich an Vitamin C. Fastet usw....

Die meisten Lebererkrankungen kommen vom Alkoholkonsum und von der Einnahme von Medikamenten.

Wut ist eine große Feindin der Leber

Masern

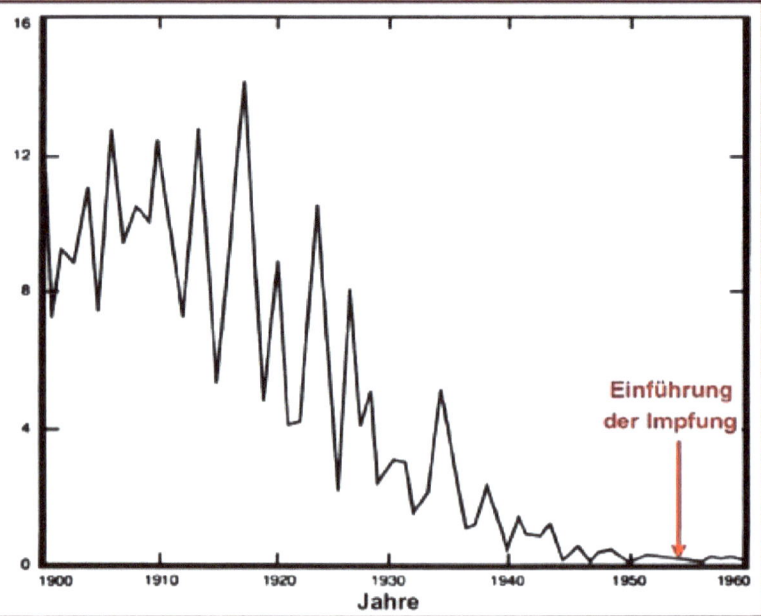

Todeszahlen durch Masern in den USA: Staatsregister der Todesfälle 1900-1932 und 1933-1960.

Todesfälle auf 100.000 Einwohner.

Zitiert nach *IAS Newsletter*, Neuseeland, vol 10, Nr. 1 und 2.

Einführung der Impfung

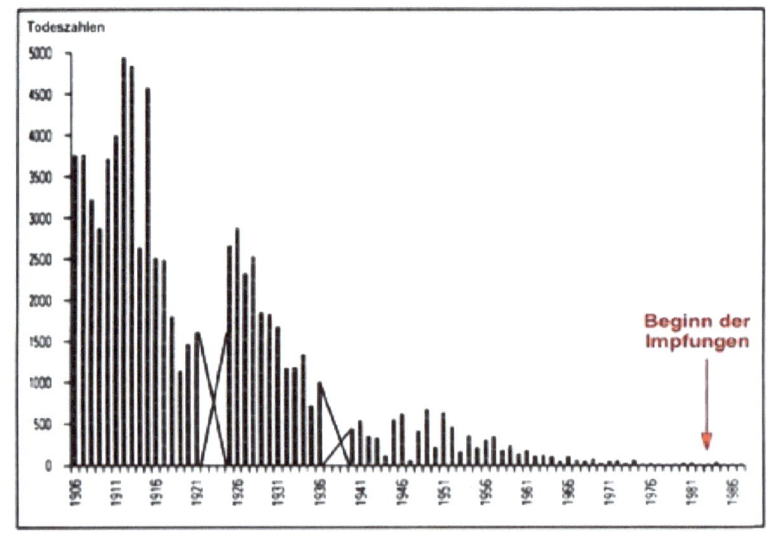

Todesfälle durch Masern in Frankreich

Keine Daten für die Jahre 1922-1924 und 1937-1939.

Annuaire statistique de France (Statistisches Jahrbuch für Frankreich).

Beginn der Impfungen

> Mit diesen kompletten Grafiken kann niemand mehr sagen, es habe dank der Impfungen weniger Todesfälle nach Masern gegeben.

> Es ist wichtig zu wissen, daß Masern, genau wie die andern Kinderkrankheiten, notwendige Prozesse sind, die das Immunsystem stärken.

> Todesfälle im Zusammenhang mit diesen Krankheiten können nur bei einem extrem abgeschwächten Terrain und, ganz besonders, durch Fehlbehandlung vorkommen!

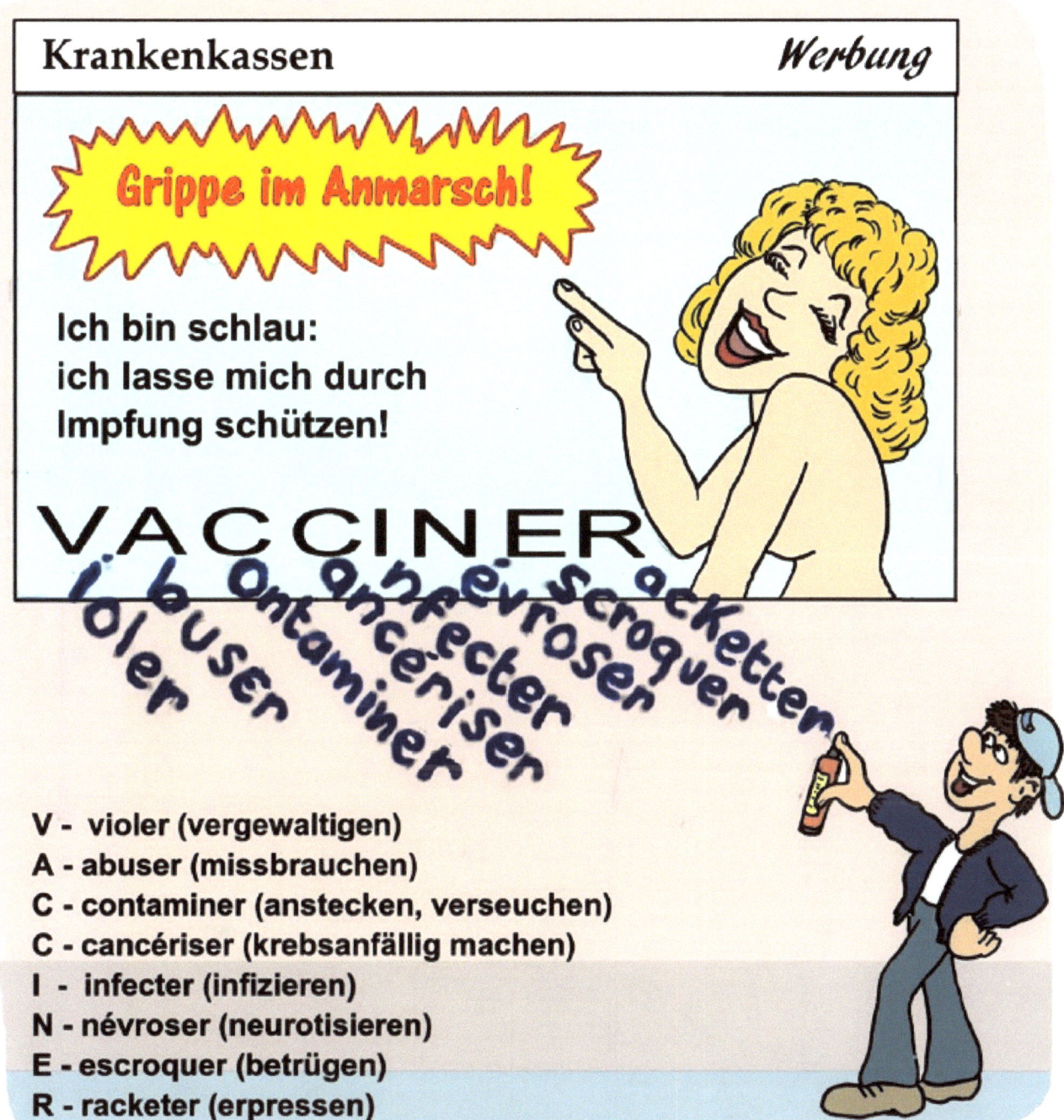

Grippe: ein „vergrippter" Impfstoff

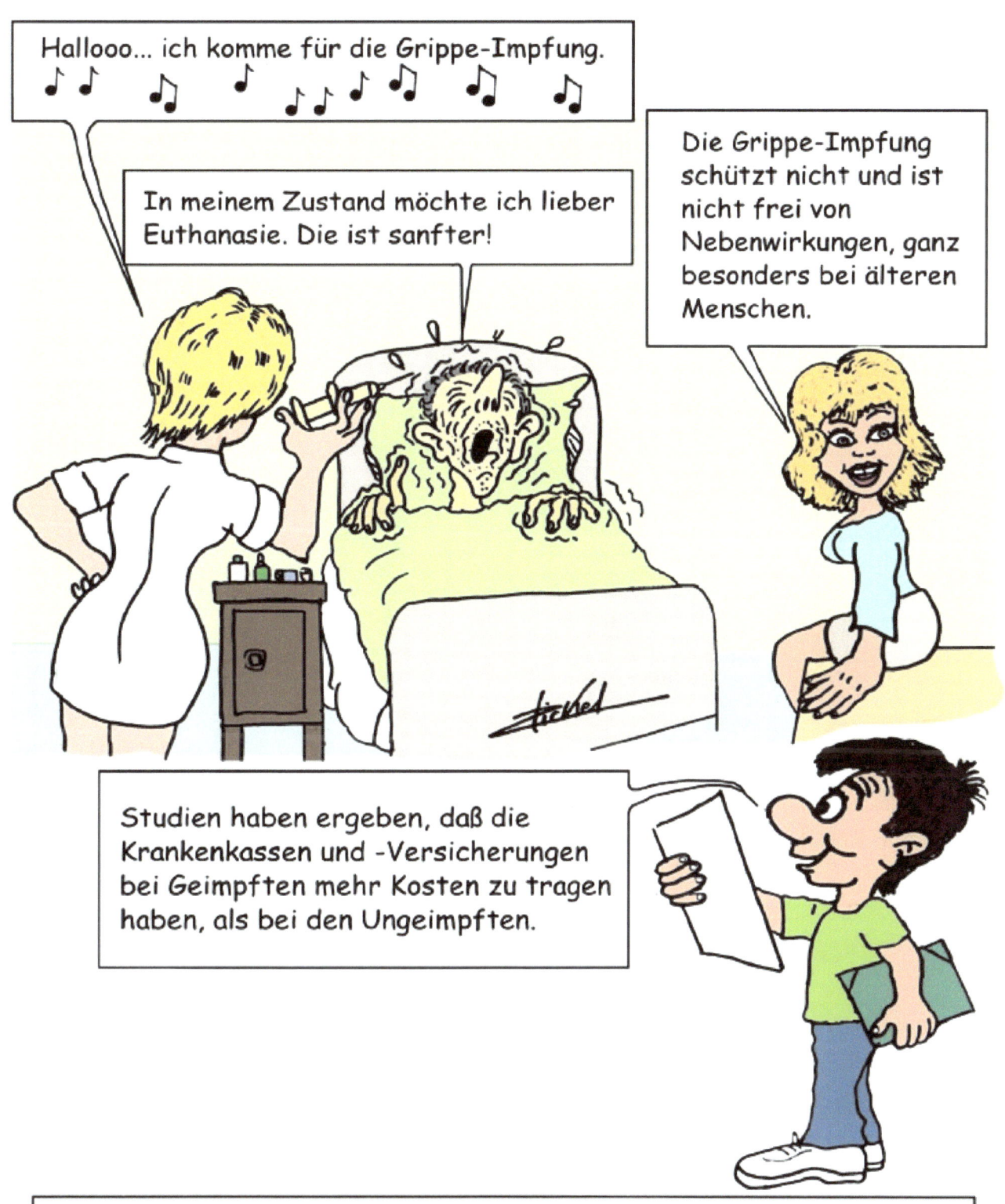

Ich habe Glück, denn meine Eltern interessieren sich für die natürlichen Gesundheitsmethoden. Sie haben mir gezeigt, daß Viren nicht unbedingt die Ursache der Grippe sind.

Und ich habe sogar gelernt: sogar, wenn Viren Ursache wären, würde es dem Irrsinn der Impfung keinen Abbruch tun.

Wohin gehst du?

Nach Frankreich, ich werde da eine Epidemie verursachen!

Du kannst beruhigt deiner Wege gehen, die haben dich nicht in ihrem neuen Impfstoff vorgesehen.

Das Grippevirus ändert sich so schnell wie ein Chamäleon.

Professor John Oxford in: *Courrier International*, Februar 1998.

Die Grippe: Aggression oder Befreiung?

Eine akute Erkrankung ist nichts weiter als eine Anstrengung der Natur, die sich mit aller Kraft bemüht, die Gesundheit des Patienten wieder herzustellen, indem sie das pathogene Element ausscheidet.

Thomas Sydenham in: *The English Hippocrates (1624-1689).*

Grippe ist ein vitaler Prozess, eine wohltuende Reinigungskrise. So etwas darf man nicht behindern.

Die meisten Medikamente und unangemessene Behandlungen verursachen die gefürchteten Komplikationen.

Keine Antibiotika, die nützen nichts, sie wirken ohnehin nicht gegen Viren! Ich verschreibe Ihnen Ruhe, frische Luft, Sonne, ein Glas Wasser und Freude!

Dr. von der Logik

Es ist die Natur, welche die Krankheiten heilt. Sie findet von selbst die richtigen Wege, ohne daß man ihr die Richtung zeigen muß.

Hippokrates

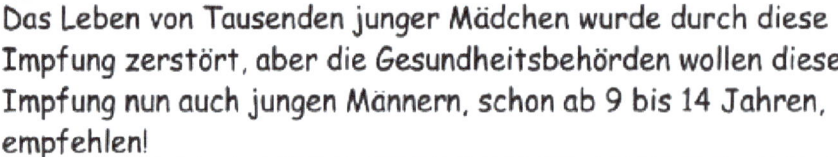

Shaken Baby Syndrome: eine weitere Nebenwirkung von Impfungen?

Kann es sein, dass Impfungen bei Kleinkindern subdurale Blutungen im Gehirn verursachen, welche üblicherweise als Schütteltrauma oder andere Pathologien diagnostiziert werden?

Man schätzt, dass die Hälfte der Todesfälle bei Säuglingen durch Schütteln oder andere Misshandlungen auftreten. Dafür werden dann fast immer die Eltern oder andere Pflegepersonen von der Justiz angeklagt.

Subdurale Blutungen können gleichwohl Folge einer durch Impfungen verursachten Gehirnentzündung sein, zusätzlich zu anderen Erkrankungen, die als Impffolge zu betrachten sind.

Impfungen können - und tun es auch - einen hohen Prozentsatz an subduralen Blutungen verursachen!

Erschreckend ist, dass dies dann zu der irrigen Diagnose kommt, dass es sich um schlechte Behandlung oder Schütteln durch Eltern oder Pflegepersonen handelt.

Zit. n. Dr. Harold E. Buttram, Arzt und Dr. Catherine J. Frompovich

(1) Beide Syndrome werden durch einen extremen Vitamin C-Mangel, der durch Impfungen verursacht wird, ausgelöst.

Die Rinder leiden an der Menschenkrankheit

Im Département Finistère waren im Jahr 1973 die Rinder nicht gegen Maul- und Klauenseuche geimpft, denn sie waren vorgesehen für den Export in Länder, welche mit dem Virus kontaminierte Rinder nicht annehmen.

Ich habe gehört, daß in den andern Departements ein richtiges Gemetzel gibt! (1)

Es ist in den gegen Maul- und Klauenseuche geimpften Departements, wo die Epidemie wütet! Verstehe da einer etwas?

Man könnte fast glauben, daß die Dummheit der Menschen da die Hand im Spiel hat!

(1) Außer bei den Bio-Züchtern und es waren gerade sie, die von den Autoritäten bedrängt und sogar bestraft wurden, weil sie die Impfung abgelehnt hatten.

Erworbenes Immunschwäche Syndrom (AIDS)

Wenn wir so weitermachen: immer mehr Impfungen immer öfter angewendet, dann müssen wir uns darauf einstellen, daß in einigen Jahrzehnten eine ganz neue Pathologie entsteht, diejenige der geimpften Gesellschaften.

Zitiert nach Professor P. Deloge, *Tendances de la médecine contemporaine*, 1962.

Wenn man zahlreichen Forschern glauben soll, dann ist AIDS ein Zusammenbruch des Immunsystems, verursacht, unter Anderem, durch die zahlreichen Impfungen! (1)

Die Gegenden in denen AIDS explosionsartig zunimmt, sind die gleichen, wie diejenigen, die bestimmten Impfkampagnen unterworfen sind. (2)

Einen Impfstoff gegen AIDS finden? Wie soll das denn gehen, schließlich sind Impfungen die Hauptursache von AIDS. Sie verlangen etwas zuviel!

Beruhigen sie sich. Wir werden schon einen Weg finden, die Wirksamkeit der Impfung zu beweisen

(1) Dr. med. Robert E. Willner, *Deadly Deception: The proof that Sex and HIV absolutely do not cause AIDS*, 1994. (Dr. Millner wurd ermordet).

(2) Dr. Louis de Brouwer, *Sida: Le Vertige. Résultat criminal de la recherche ? Maladie nouvelle engendrée par les vaccinations ?*, 1995.

Wenn man weltweit alle Todesfälle durch Impfung an den Tag legen würde, würden diese Zahlen selbst Herodes erzittern lassen!
George Bernhard Shaw

Es sind die Massenimpfungen mit lebenden Viren, komplett unnütz und gefährlich, die verantwortlich sind für die Verbreitung von AIDS.

Professor Richard Delong, *Live Viral Vaccines: Biological Pollution*, 1996.

> Die Impfungen, zumindest so wie sie uns präsentiert werden, sind mehr Zauberei als Immunologie.
>
> Dr. Jacques Maurice Kalmar

Aber... ich finde überhaupt kein Argument welches die Wirksamkeit der Impfungen beweisen würde!

Pssst. Es genügt, daß Sie daran glauben!

> Wie in den heiligen Büchern steht das Dogma da, ohne Riß. Es bleibt uns nur eines: das Ritual in der Glückseligkeit der großen Offenbarungen zu befolgen.
>
> Dr. Jacques Maurice Kalmar

Impfungen verursachen Krankheiten, erschaffen neue und dadurch breitet sich der Tod aus. Einen wissenschaftlichen Beweis, daß die künstliche Provokation einer Krankheit den Ausbruch derselben verhindert, hat es noch nie gegeben. Als Arzt erhebe ich mich gegen diese Impfungen und protestiere gegen den Mythos rundum Pasteur.

Dr. Paul-Emile Chèvrefils

Die Menschheit wäre schon lange glücklich, wenn alle Genialität, die dazu verwendet wird um die Fehler der Menschen zu reparieren, gebraucht würde, um sie zu vermeiden.

George Bernard Shaw

Impfungen können chronische evolutive Arthritis, Multiple Sklerose, Lupus Erythematodes, Parkinson und Krebs verursachen.

Professor R. Simpson, *American Cancer Society* (Amerikanische Krebsgesellschaft)

Wollen wir etwa Masern gegen Krebs und Leukämie eintauschen?

Dr. Robert Mendelsohn

Mehrere deutsche Autoren haben den Zusammenhang zwischen multipler Sklerose und die Impfungen gegen Pocken, Typhus, Tetanus, Poliomyelitis und Tuberkulose beschrieben.

Meldung in: *British Medical Journal*, 1967.

Bestimmte Impfstoff-Stämme können im Zusammenhang stehen mit degenerativen Krankheiten, wie Rheumatoide Arthritis, Leukämie, Diabetes und multiple Sklerose.

Dr. Glen Dettman in: *Australian Nurses Journal*.

> *Jede Impfung kann eine leichte oder eine schwere Enzephalitis verursachen*
>
> Harris L. Coulter in: *Vaccination, Social Violence and Criminality*, 1990.

> *Jede Impfung verursacht eine Enzephalopathie. Sogar wenn sie nur leicht ist, zerstört sie Gehirnzellen.*
>
> Dr. Gerhard Buchwald in: *Impfung, das Geschäft mit der Angst*, 1994.

Die Folgen der Impfungen sind nicht immer sofort sichtbar. Es können zum Beispiel neurovegetative Dysbalancen, geistiges Zurückbleiben oder Autismus auftreten.

> *Es ist eine wahre Epidemie... Grotesk ist die Behauptung, es gäbe keinen Zusammenhang zwischen Autismus und Impfung, daß es sich angeblich nur um Zufälle handelt. Die Wahrheit ist, daß die Kinder durch die Impfungen verletzt (im Sinne von geschädigt) werden.*
>
> Zit.n. Dr. Bernard Rimland, Leiter und Gründer des *Institut für Autismus-Forschung* in San Diego, CA.

Von 3,3 Millionen Kindern, die jedes Jahr in den USA mit DPT (Diphtherie, Keuchhusten, Tetanus) geimpft werden, haben 16.038 schwere Krisen mit untröstlichem Schreien gehabt - dies ist ein Zeichen, daß das Zentralnervensystem gestört wurde, wie mehrere Neurologen bestätigen. 8484 Kinder hatten (epileptische) Krämpfe innerhalb der ersten 48 Stunden nach dieser Impfung.

Dr. Allan Hinman und Jeffrey Copelan in *JAMA*, Zeitschrift der amerikanischen Medizinischen Gesellschaft.

Die Eltern stellen sehr oft Verhaltens-Störungen nach Impfungen fest.

Neurologische Schäden können auch dann auftreten, wenn weder sichtbare noch extreme Reaktionen festgestellt wurden.

In 23 Jahren habe ich beobachtet, daß ungeimpfte Kinder gesünder und kräftiger als geimpfte Kinder sind. Allergien, Asthma und Verhaltensauffälligkeiten sind deutlich häufiger bei meinen geimpften kleinen Patienten. Diese haben auch immer wieder viel häufiger Infektionskrankheiten und leiden auch schwerer daran.

Dr. Philip Incao

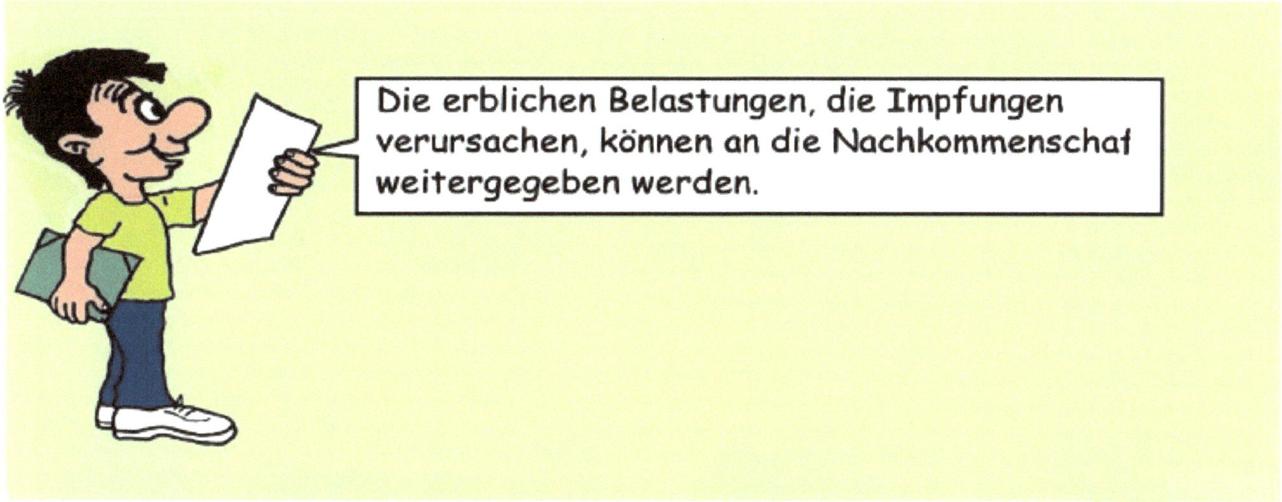

Die erblichen Belastungen, die Impfungen verursachen, können an die Nachkommenschaft weitergegeben werden.

EHE-INSTITUT DAS KLEBT

Ich suche einen ungeimpften Mann

Das wird aber schwierig sein!

Impfungen verursachen genetische Veränderungen und Fehlbildungen am Herzen.

Dr. Gerhard Buchwald in: *Vaccination, A Business Based on Fear*, 1994.

"Ähem... wir... wir wollen doch jetzt nicht einen Zusammenhang zwischen der Impfung machen. Es gibt keinen Beweis."

"Herr Doktor, ich habe den Eindruck, Sie haben einfach Angst vor den medizinischen Autoritäten."

Wenige Ärzte sind bereit, einen Zusammenhang zwischen einem Todesfall oder einer Komplikation zu sehen. Schließlich handelt es sich um eine Methode, die sie selbst empfohlen haben und an die sie glauben.
  Professor George Dick in: *Britisch Medical Journal BMJ* (Britische medizinische Zeitschrift), Juli 1971.

Verheimlichte Nebenwirkungen

(1) Ligue Nationale pour la Liberté des Vaccinations - Französische Liga für Impf-Freiheit.

> *Die Impfungen münden sehr oft in Komplikationen, über die man nicht spricht. Das verhindert nicht, daß sie trotzdem sehr häufig sind und manchmal sogar tödlich.*
>
> Dr. Jacques Kalmar

Nach dem Aufsehen erregenden Misserfolg der Salk-Impfung (im Staat Massachusetts waren 75% aller gelähmten Poliokranken dreimal oder gar öfter geimpft) wurde eine geniale Abhilfe gefunden, um die Pharmaindustrie aus der Patsche zu ziehen (Life science): man erstellte einfach neue Normen für die Diagnose von Poliomyelitis.

Prof. Bernard Greenberg

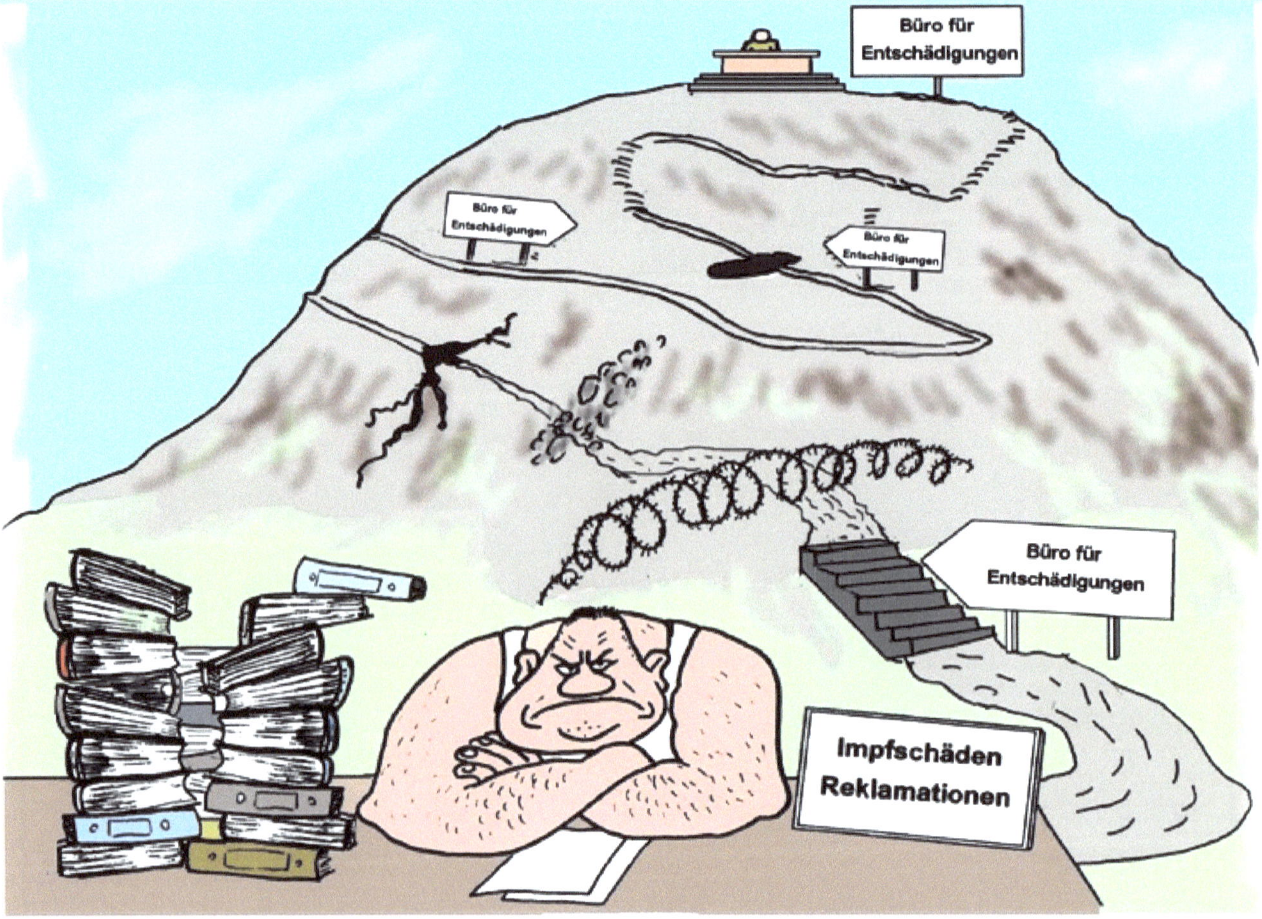

Impfexperimente werden meistens an menschlichen "Versuchskarnickeln" gemacht, die weder davon wissen noch damit einverstanden wären, wie zum Beispiel an Waisenkindern, an geistig Behinderten und ganz besonders in der Dritten Welt.

Nachdem in afrikanischen Ländern Schäden durch die Impf-Experimente bei Kindern entstanden sind, wurden die Hersteller dazu verdonnert, die Experimente an sich selber durchzuführen.

Ich... ich glaube, es wäre besser, wenn wir unser Geld in die natürliche Medizin investieren würden!

Gerichtsvollzieher

Die armen Menschen in den Ländern der Dritten Welt benötigen Hilfe, um selbst eine bessere Nahrung zu produzieren, um mehr Hygiene zu erreichen, aber doch nicht unsere Impfstoffe! Der Fall Biafra (1) ist ein Beispiel für die Auswüchse der "humanitären Hilfe". So bekam die hungernde und verblutende Bevölkerung die "Geschenke", die die großen Labore loswerden wollten, Impfstoffe, die hier keiner wollte, da sie schwere Schäden verursachten. (2)

(1) Biafra im Sezessionskrieg mit Nigeria (1967-1970).
(2) 2 Millionen Dosen Polio-Impfstoff und 800.000 Masern-Impfstoff.

Durch diese erschütternden Bilder werden die Spenden fließen.

Es ist an der Zeit, unsere alten Stocks loszuwerden!

Zwei Drittel der 103 an plötzlichem Kindstod gestorbenen Kinder hatten die DPT-Impfung in den drei Wochen vor dem Tod bekommen. Einige starben gleich am Tag danach.

Dr. William Torch in: *Neurology*, 1982.

Im Jahr 1992 veröffentlichte das "American Journal of Epidemiology" eine Studie in der bewiesen wurde, daß ein Kind ein achtfaches Risiko trägt, in den drei Tagen nach der DPT-Impfung zu sterben, als ein nicht geimpftes Kind.

> *Wir werden immer wieder die gleichen Bemerkungen über schwere Nebenwirkungen im Zusammenhang mit Impfungen bekommen. Eine Impfung, egal welche, ist immer, auf biologischer Basis, wie auf derjenigen der Immunologie, ein Angriff auf den Organismus.*
>
> Prof. R. Bastin in: *Concours Médical*, 1. Februar 1986.

> *Impfen nützt nicht*
> *Impfen schützt nicht*
> *Impfen schadet.*
> Dr. Gerhard Buchwald in: *Vaccination, A Business Based on Fear*, 1994.

> Diese Behauptung, daß durch blinde Massenimpfungen im Zusammenhang mit der "Anti-Hygiene" eine "Herdenimmunität" entstünde, ist eine ins Unendliche potenzierte Absurdität.
> Dr. Jacques Kalmar

Am Anfang des 20. Jahrhunderts war das Prinzip der Impfung noch verständlich, da in Medizin und Wissenschaft so ziemlich alles noch unbekannt war. So wusste man gar nichts von Molekularbiologie, von endogenen und exogenen Viren und Retroviren oder von dem Prinzip der Rekombination. Seit ein paar Jahrzehnten aber ist dies bekannt. Daß man aber weiter ganze Völker impft, seit 1978 sogar Hunderte Millionen Menschen, das ist nicht nur ein Irrtum, sondern ein Verbrechen, ein wahrer Völkermord auf dem ganzen Planeten.

Dr. De Brouwer, Louis: *Sida: Le Vertige. Résultat criminal de la recherche ? Maladie nouvelle engendrée par les vaccinations ?*, 1995.

Und wenn die Impfungen noch einen andern Zweck erfüllten?
Schon die ganze Propaganda macht aus uns Sklaven, die falschen Dogmen gehorchen. Kann man sich Schlimmeres vorstellen?
Und wenn der Sinn der Impfungen nur darin bestünde, daß unsere Entwicklung gebremst würde?

Wir haben eine Technik gefunden, mit der wir die Unnachgiebigen besiegen werden: Dieser falsche Druide wird ihnen glaubhaft erklären, daß es sich um einen neuen Zaubertrunk handelt! In Wahrheit aber schwächt das Produkt sie ab, bis sie irgendwann komplett verblödet sind.

Vgl. "Asterix & Obelix".

Zusammensetzung der Impfstoffe

Michel Georget in: *Vaccinations: les vérités indésirables - S'informer, Choisir, Assumer*, Dangles 2017.
(1) Seiten 73-78 (mit zahlreichen wissenschaftlichen Referenzen).
(2) Seiten 91-124 (mit zahlreichen wissenschaftlichen Referenzen).

(1) 40. Affenvirus - wurde in Zellkulturen von Affennieren gefunden.
(2) Sowie in andern Krebsarten.

Ein Ärzteteam am Baylor College von Houston hat das SV40 im Gewebe von Patienten, welche an Hirntumoren und Mesotheliomen litten. Dieses Virus, welches anerkanntermaßen krebserregend ist, ist weltweit 30 Millionen Menschen mit der Polio-Impfung eingespritzt worden.

    Zit. n. *Science et Vie* (Wissenschaft und Leben), Dezember 1996.

Wir sind von der Angst regelrecht belagert und man wird die Mikroben bis zum Tod (des Wirtes) bekämpfen mit Methoden, bei denen sich die Generationen der Zukunft vor Grauen schütteln werden.

Dr. Jacques Kalmar

> *Das absichtliche und unnötige Einbringen von infektiösen Viren in einen menschlichen Organismus ist eine irrsinnige Tat. Sie kann nur durch große Ignoranz in der Virologie und den Infektionsprozessen diktiert werden Dadurch entsteht unermesslicher Schaden.*
>
> Prof. R. Delong, Virologe und Immunologe an der Toledo-Universität, Ohio, USA.

> *Die Mikro-Organismen, welche unter Umgehung der natürlichen Barrieren des Immunsystems eingespritzt werden, sind so zusammengebastelt, daß die meisten der Geimpften chronische Pathologien entwickeln. Es ist aber alles andere als leicht, die Symptome in Zusammenhang mit der eigentlichen Ursache zu bringen.*
>
> Dr. Jacqueline Bousquet, Doktor der Wissenschaften, früher Forscherin am CNRS (Centre National de Recherches Scientifiques, Nationales Zentrum für wissenschaftliche Forschung).

In jungen Jahren können die Impfungen nicht schützen, denn sie verursachen schwere und gefährliche Veränderungen am Immunsystem des Kindes. Es kann so schwer betroffen sein, daß der Mensch lebenslang immer wieder durch diese Schwäche und Dysfunktion an Infektionskrankheiten zu leiden hat."

Harold E. Buttram, (MD) and John C. Hoffman (PhD)

Es ist eine große Beleidigung gegenüber dem Immunsystem eines Kindes, in sein Blut Fremdproteine und lebende Viren zu spritzen, denn diese sind in den heutigen Impfstoffen enthalten.

Der amerikanische Arzt und Impfexperte Dr. Richard Moskovitz

Wenn wir Proteine essen, weiß der Körper, wie diese zu kleineren Bausteinen, den Aminosäuren, abgebaut werden müssen... Wenn aber tierische Proteine direkt in die Blutbahn gespritzt werden, ohne vorher in ihre Bestandteile zerteilt worden zu sein, kann eine autoimmune Antwort die Folge sein. Indem Substanzen, die nicht Teil des Organismus werden sollen, gespritzt werden, umgehen wir die Schutzmechanismen des Körpers und aktivieren damit auf gefährlichste Weise andere Abwehrmechanismen.

Dr. Robyn Cosford, MD

Milliarden Dosen von Virus-Impfstoffen werden auf Kulturen von Krebszellen gezüchtet, teils tierischen (1), teils menschlichen (2) Ursprungs. Reste von Fremdproteinen sind, auch nach Filtration, im Impfstoff enthalten. Tierische Substanzen befinden sich ebenfalls unter den Adjuvantien (3).

1) Hamster, Affen, Hühnerembryonen, Rinder usw.
2) Menschliche Föten.
3) Squalen, Schweinegelatine.

Es gibt keinen Impfvirenstamm aus Affenzellen, der frei von neurologischer Virulenz wäre.

Dr. Daniel Garcia Silva in: *Le Maroc Médical, Nr 43*, 1999.

Identische Impfstoffe für Menschen, die alle verschieden sind

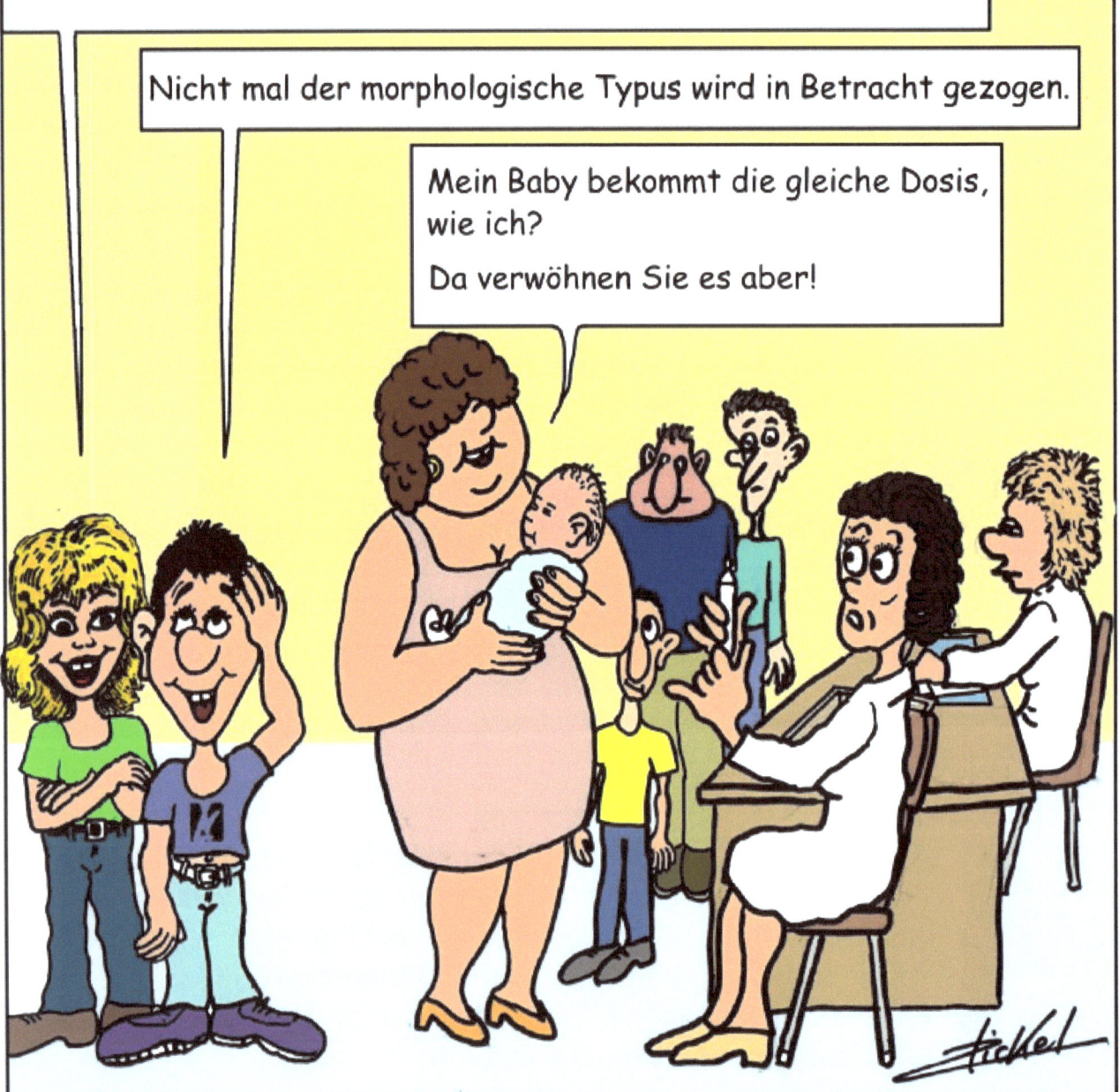

Impfärzten ist es vollständig egal, ob die zu impfenden Menschen in ihrer genetischen Identität und immunologischen Reaktionsfähigkeit sich gleichen oder nicht.

Nicht mal der morphologische Typus wird in Betracht gezogen.

Mein Baby bekommt die gleiche Dosis, wie ich?

Da verwöhnen Sie es aber!

Man kann sehr leicht - leider - ganze Menschenmassen in Gedanken vermischen, aber meines Wissen kann man sie nicht, auf immunologischer Ebene homogenisieren.

Dr. Jacques Maurice Kalmar

Impfstoff Illusionen

Nach dem Buch *Immunologie et vaccinations* (1972), von Dr. Jacques Kalmar.

Immuno-neuro-hormonelle Harmonie

Das Immunsystem funktioniert in enger Zusammenarbeit mit dem Nervensystem und dem Hormonsystem.

Die Gesundheit basiert auf der guten Zusammenarbeit dieser drei Systeme. Stress greift das Nervensystem an und dadurch entsteht ein hormonelles und immunes Ungleichgewicht.

Das Immunsystem wird pausenlos durch verschiedene Impfungen angegriffen und das Gleichgewicht wird zwischen Nerven- und Hormonsystem gestört.

Impfungen selbst verursachen Stress.! (1)

(1) Zit. n. Michel Georget: *Vaccinations: Les vérités indésirables - S´informer, choisir, assummer*, Dangles 2002, S. 61-63.
Zit. n. Harris L. Coulter: *Impfungen, der Großangriff auf Gehirn und Seele*, Hirthammer Verlag, München 1992.

Die Mikrobe ist nichts, der Nährboden (das Terrain) ist alles

Ich nenne das eine "Impfomanie". Wir sind an einer Stelle angelangt, die vom wissenschaftlichen Standpunkt aus nicht mehr zu verteidigen ist. Neue Impfstoffe, von denen man nicht weiß, wie sie die Funktionen des Immunsystems auf Dauer beeinflussen, in den Körper spritzen, das grenzt an Kriminalität.

Nicholas Regush, Medizinjournalist

Impfungen können mit der Zeit eine Immunschwäche verursachen und damit Krankheiten, die schlimmer sind, als diejenigen, die man vermeiden wollte. Es werden dann tiefere Strukturen, mehr lebenswichtige Organe impliziert und diese haben viel weniger die Möglichkeit, spontan auszuheilen.

Dr. R. Moskowitz, Harvard University

Das Immunsystem wird besonders durch die Routine-Impfungen in Mitleidenschaft gezogen. Das "Immunkapital" wird bei Kindern, die durch die empfohlenen Impfprogramme gehen, wesentlich vermindert.

In: *Le Concours Médical*, 20. Januar 1974.

Flächendeckender Impfungschutz

Die Geimpften sind weit davon entfernt, eine Art Schutzbarriere für die Ungeimpften dazustellen. Im Gegenteil, sie sind gefährlich und können den Rest der Bevölkerung anstecken, da sie erwiesenermaßen Träger und Überträger des Poliovirus sind. Die Infektion kann sowohl über den Darm, als über andere Wege gehen.

Dr. Yves Couzigou

Es ist wohl bekannt, daß es Polio-Fälle gibt, die durch Ansteckung von Geimpften stammen.

In: *Le Généraliste*, 19. Februar 1985.

Bis zu meinem letzten Atemzug werde ich nie verstehen, wie die Leute sich auf ihr Recht versteifen können, sich und ihren Kindern Gifte, Viren und Chemikalien, die man "Impfstoffe" nennt, spritzen zu lassen, unter dem Vorwand, diese seien ungefährlich und würden gar die Gesundheit fördern.

Dr. Sherry Tenpenny

Impfung: Eine Art von Magie

"Ich bin die gute Fee, die alle deine Wünsch erfüllt!"

"Gesundheit ist das höchste Gut. Mein Wunsch ist es, mein Immunsystem zu stärken."

"Aber du bist keine Fee, du bist nur ein böswillige Hexe!"

> *Die Impfung ist ein gefährlicher Hokuspokus.*
> De. med. C. Waidele

> *Alle Impfungen verursachen sofort oder später akute oder chronische Erkrankungen, einige auf Lebenszeit. Sie können jedes Organsystem des Körpers betreffen.*
> Dr. Andrew Moulden, Spezialist in Neuropsychiatrie und Verhaltensneurologie

> *Impfungen sind gefährlich und dürften niemals gespritzt werden. Niemals und in Niemanden.*
> Dr. Suzanne Humphries, Nephrologin

Wir möchten uns gerne impfen lassen, um mit dem Gesetz konform zu gehen.

In dem Falle aber müssen sie schriftlich garantieren, daß wir gesund sind und daß wir es nach der Impfung auch bleiben.

Das - das kann ich nicht tun!

Wenn diktatorisches Verhalten und die Behauptungen der Impf-Dienste auf aus der Luft gegriffenen Postulaten basieren, gründen unser Wissen und unsere Entschlossenheit auf den Daten der modernen Wissenschaft.

Dr. Jacques M. Kalmar

Die Impfung ist kein Schutz, sondern eine Kontaminierung.
Dr. Jacques Michaud in: *Pour une médecine différente*, 2006.

> Es ist nicht gerade keine sinnvolle medizinische Praxis, sein Leben zu riskieren, indem man sich einem wahrscheinlich unwirksamen Eingriff unterzieht, um einer Krankheit aus dem Wege zu gehen, die mit hoher Wahrscheinlichkeit nie auftreten würde.
> — Dr. med. Kris Gaublomme

> Menschliche Dummheit ist Quelle der schlimmsten Katastrophen...
> — Montaigne
>
> ...aber auch eine unerschöpfliche Goldgrube für denjenigen der sie ausbeuten kann.
> — Dr. med. Toulet

Es ist auch nicht egal, wie Jules Romains in einem berühmten Theaterstück bemerkt hat, ob das Lesen der Pharma-Werbung in der Tat die gängigste nach-universitäre Lernmethode des Arztes ist

Prof. Henri Péquignot

Durch künstlich erzeugte Aufregung wurde ein riesengroßer Vorteil geschaffen: Aus einer erzwungenen Maßnahme wurde eine geschaffen, die spontan vom Patienten, der unter einer Jahrtausende alten Angst leidet, verlangt wird, da er plötzlich deren Wert und Bedeutung verstanden hat. Das Gesundheitsministerium hätte vielleicht Interesse daran, von Zeit zu Zeit einen neuen Impfstoff auf den Markt zu bringen und vorher listigerweise mit der unbewussten Unterstützung der großen Presse die öffentliche Meinung in die Richtung zu beeinflussen.

Concours Médical aus 1955 im Zusammenhang mit der Epidemie in Vannes.

Das Drama der Menschen ist, daß sie so blind sind, den Irrtum nicht zu sehen. Die Krankenhäuser und Friedhöfe sind voll von Leuten, die mit Genugtuung akzeptiert haben, wie sie sich durch die Bösartigkeit der von ihr angebeteten Kraft, nämlich der Ignoranz, ermorden zu lassen.

Dr. Jacques M. Kalmar

Es ist schrecklich zu sehen, wie enorme Teile des menschlichen Ozeans durch unsichtbare Sender auf eine geistige Frequenz, die den Menschen auf das Niveau von Papageien reduziert, programmiert sind.

Andrew Thomas:
Sur le rivage des mondes infinis - Une reserche de la vie cosmique, 1976.

Von der Vergewaltigung des Gewissens zur Vergewaltigung des Körpers

Ob eine Impfung obligatorisch oder nicht obligatorisch ist, unter Gebrauch von Gewalt, ist Impfen eine Vergewaltigung. An dieser Tat mitarbeiten kann tödlich sein.

Dr. Ghislaine Lanctot, *The Medical Mafia, Bridge of Love* 1995.

Die Politiker sind verantwortlich und schuldig. Ihre Schuld beruht auf der Tatsache, daß sie alle Informationen über das aktuelle System in der Hand haben. Sie wissen ganz genau, daß die Expertise nur in eine Richtung funktioniert. Sie kennen das abgekartete Spiel zwischen den Experten und den Verkäufern und akzeptieren diesen Tatbestand. Die politischen Leiter werden ihre Abrechnung bekommen.

Dr. Jacques Lacaze

Die Einführung des BCG ist ein Beispiel von ökonomischem Gangstertum, eine gigantische und unehrliche Geschäftsoperation. Nichts fehlt am Szenario: ein spinnerter Erfinder, manipulierte Labortests, eine pseudo-wissenschaftliche Politur, verstümmelte Statistiken, schamlose Werbung, gekaufte Unterstützung seitens der Intellektuellen und... äußerste Raffinesse: das Produkt ist kostenlos...finanziert vom Steuerzahler! Dies alles ist nichts Ungewöhnliches; das französische Volk ist an Skandale gewöhnt. Aber was am BCG besonders typisch ist und die Gipfel des Machiavellismus erreicht, ist das allerletzte gelungene Manöver, der teuflische Druck den sich die Promoter, den Conseil de la République, haben einfallen lassen, um die Impfung mit dem BCG zur Zwangsmaßnahme zu machen.

Dr. Jean Elmiger: *La Médecine retrouvée*, Éd. Léa, 2012.

Wir injizieren, weil es das Gesetz ist. Aber diese Gesetz wird mehr oder weniger von den Lobbys gelenkt.

Dr. med. Alain Perrier

Es ist nur durch den dauernden Kampf und die Entwicklung unseres Solidaritätsgefühls, daß wir eine Chance haben, unsere Freiheit, die uns ungestraft dank der Unwissenheit des Volkes von einer medizinischen Diktatur, die weltweit kein Gegenstück kennt, genommen wurde, wiederzuerlangen.

Me. Frédéric Hoffet, Rechtsanwalt in der Anwaltskammer Straßburg

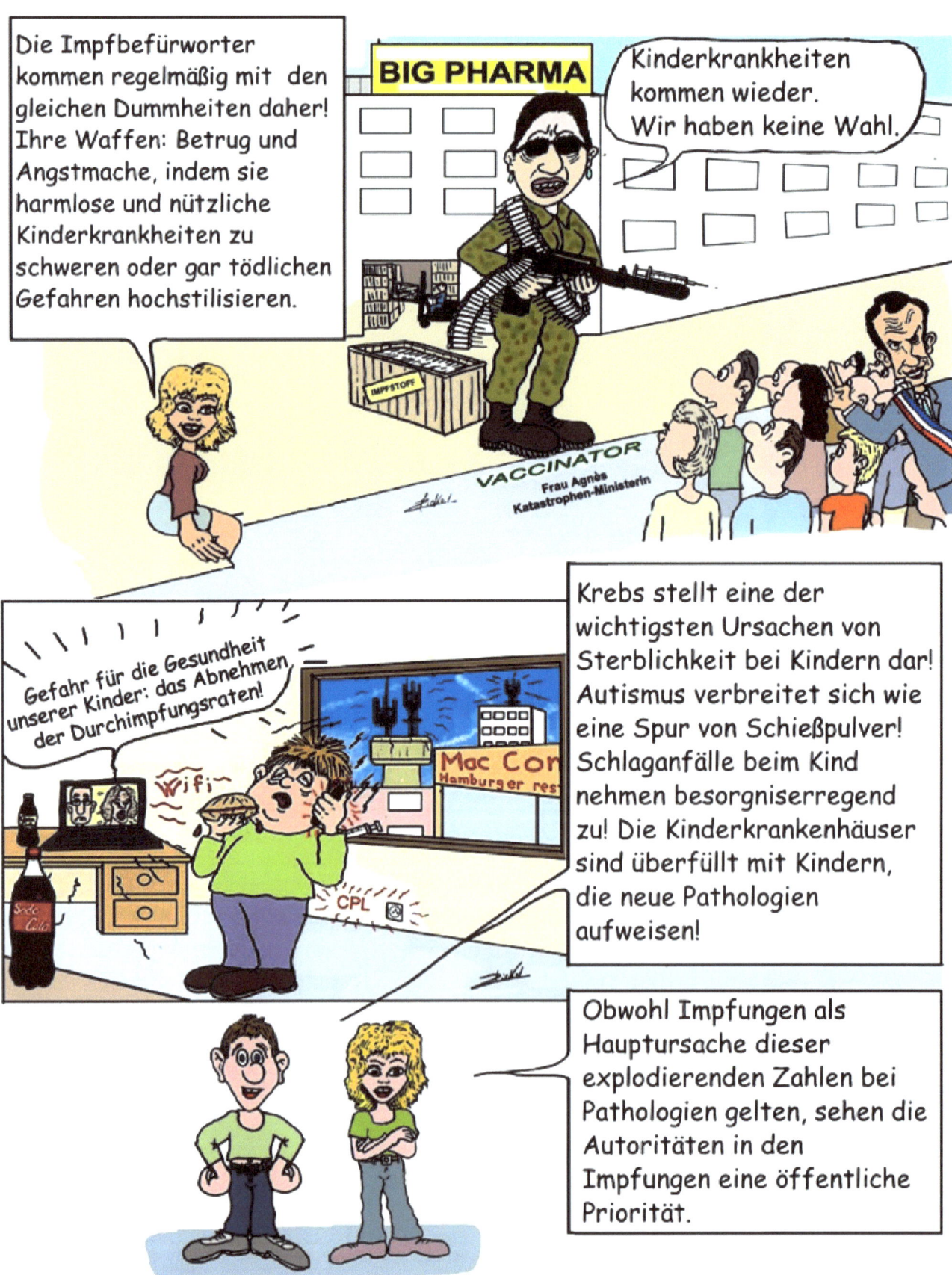

Ich habe festgestellt, dass das ganze Business um die Impfungen einen unendlichen Irrtum darstellt. Die meisten Ärzte glauben, dass Impfungen nützlich sind, aber wenn Sie sich die Mühe machen, die offiziellen Statistiken zu studieren, und die Umstände wie und wann die verschiedenen Krankheiten aufgetreten sind, stellen Sie fest, dass die Dinge überhaupt nicht so sind, wie sie uns vorgeführt werden.

Dr. Archie Kalokerinos

In Frankreich waren die drei letzten Ministerinnen alle im Dienst der Pharma-Industrie

Die heutige Impf-Hysterie könnte einen totalitären Albtraum auslösen.

Dr. Lee Hieb, MD

Es ist eigentlich strafbar, dass solche Aktionen immer noch durch die Autoritäten ermutigt oder gar erzwungen werden, wobei Eltern, medizinisches Personal, im allgemeinen kein praktisches Wissen über die doch wohlbekannten Gefahren haben, und Unwissen herrscht über mögliche Konsequenzen auf lange Sicht.

Raymond Obomsawin

Die Zwangsimpfung ist ein Schmach...!

Dr. med. Ch. Rose (Dorking)

Bibliographie

Dr. Ancelet, Eric: *Pour en finir avec Pasteur, un siècle de mystification scientifique*, Marco Pietteur, 1998.

Dr. Appleton, Nancy, (MD): *The Curse of Louis Pasteur*, O.A., 1999.

Dr. Appleton, Nancy, (MD): *Rethinking Pasteur's Germ Theory: How to Maintain your Optimal Health*, O.A., 2002.

Bachmair, Andreas, (Homöopath): *Vaccine Free: 111 Stories of Unvaccinated Children*, Hrsg., 2012.

Prof. Béchamp, Antoine: *Les microzymas dans leurs rapports avec l'hétérogénie, l'histogénie, la physiologie et la pathologie*, Éd.Hachette Livre BNF, 2016.

Prof. Béchamp, Antoine: *The Blood and its Third Element, 1912-2010*, Osiran 2011.

Dr. Bensaid, Norbert: *La Lumière médicale*, Le Seuil, 1981.

Dr. Berthoud, Françoise: *Mon enfant et les vaccins*, Éd. Vivez Soleil, 1994.

Bickel, René: *Le Malade enchaîné*, Hrsg., 1999.

Bickel, René: *Les Chemins de la souveraineté individuelle*, Hrsg., 2009.

Boaz, Noël: *Evolving Health, the Origin of Sickness and How the Modern World is Making us Sick*, 2002.

Bousquet, Jacqueline: *Au cœur du vivant*, Aureas, 1992.

Buchwald, Gerhard, (MD): *Vaccination, A Business Based on Fear*, 1994.

Buttram, Harold E, (MD): and Hoffman, John C, PhD, *The immune trio - vaccination and Immune Malfunction*, 1995.

Buttram, Harold E, (MD): and England, Christina, *Shaken Baby Syndrome or Vaccine-Induced Encephalitis?*, 2011.

Cave, Stephanie with Mitchell, Deborah: *What your Doctor May not Tell You about Children's Vaccinations*, 2001.

Dr. Chavanon, Paul: *La Diphtérie - Traité de thérapeutique et immunisation*, O.A. 1932.

Dr. Chavanon, Paul: *On peut tuer ton enfant*, Éd. Médicis, 1938.

Dr. Chèvrefils, Paul-Émile: *Les Vaccins, racket et poison?*, Chèvrefils, 1965.

Dr. Choffat, François: *Vaccinations: Le Droit de choisir*, Éd. Jouvence, 2017.

Dr. Coulter, Harris, (PhD): *Vaccination, Social Violence and Criminality*, North Atlantic Books, 1990.

Dr. Coulter, Harris, (PhD): *Impfungen, der Großangriff auf Gehirn und Seele*, Hirthammer Verlag, 1992.

Dr. Coulter, Harris & Loe Fisher, Barbara: *A Shot tn the Dark*, Avery Publishing Group, 1991.

Dr. Couzigou, Yves: *Phobie des microbes et manie vaccinale*, Vie et Action, 1992.

Craig, Jennifer, (PhD, BSN, MA): *Dhom, Jabs, Jenner and Juggernauts*, 2009.

Darmon, Pierre: *La Longue Traque de la variole*, Perrin, 1986.

Dr. De Brouwer, Louis: *Sida: Le Vertige. Résultat criminal de la recherche ? Maladie nouvelle engendrée par les vaccinations?*, Hrsg.,1995.

Dr. De Brouwer, Louis: *Vaccinations: erreur médicale du siècle*, Éd. Louise Courteau, 1999.

Decourt, Philippe: *Les Vérités indésirables - Le Cas Pasteur*, (Archives internationales Claude Bernard), Éd. La Vieille Taupe, 1989.

Delarue, Fernand: *L'Intoxication vaccinale*, Le Seuil, 1977.

Delarue, Fernand: *Les vaccinations n'ont pas fait régresser les épidímies*, Ligue nationale pour la liberté des vaccinations, 1967.

Delarue, Simone: *La Rançon des vaccinations*, LN PLV, 1988.

Prof. Delong, Richard (Biologist): *Live Viral Vaccine, Biological Pollution*, Cartlon Press Corp, New York, 1996.

Prof. Duesberg, Peter (Biologist): *Inventing the AIDS Virus*, Regnery Publishing, 1996.

Douglas Hume, Ethel: *Béchamp or Pasteur? A Fast Chapter in the History of Biology*, 1923-2010.

Dunkelberger, Kathleen (RN BC CLNC): *No Vaccines for Me!*, AuthorHouse 2010.

Dr. Elmiger, Jean (MD): *The Treatment of Auto-Immune Diseases*, Hrsg. 2010.

Dr. Elmiger, Jean (MD): *La Médecine retrouvée*, Éd. Léa, 2012.

Elsner, Todd M. (DC): *What The Pharmaceutical Companies Don't Want Vou to Know about VACCINES*, National Health Publications, 2009.

Dr. Ferru, Marcel: *La Faillite du BCG*, Éd. Princeps, 1977.

Fry, Stephen: *Bitter pills -Inside the Hazardous World of Legal Drugs*, Bantam, 1998.

Dr. Frompovich, Catherine, Health (Researcher and Journalist): *Vaccination Voodoo – What YOU Don't Know about Vaccines*, CreateSpace Independent Publishing Platform, 2013.

Georget, Michel: *Vaccinations: Les vérités indésirables – S´informer, choisir, Assumer*, Dangles, 2017.

Prof. Grigoraki, Léon: *Tuberculose et vaccin B.C.G.*, O.A. 1966.

Hodges, John W. (MD): *The Vaccination Superstition: Prophylaxis to be Realized Through the Attainment of Health, Not by the Propagation of Disease; Can Vaccination Produce Syphilis?* Sagwan Press, 2014.

Hume, Ethel Douglas: *Béchamp ou Pasteur*, Forgotten Books, 2018.

Joët, Françoise: *Tétanos: le mirage de la vaccination*, Alis, 2019.

Joët, Françoise & Bernard, Claude: *Hépatites: les vaccins catastrophe*, Alis, 1996.

Joseph, Jean-Pierre (Maître/Rechtsanwalt): *Vaccins - On nous aurait menti ? L'avis d'un avocat* Testez Editions, 2013.

Dr. Kalmar, Jacques Maurice: *Immunologie et vaccinations*, Éd. Les Bardes, 1972.

Kalokerinos, Archie (MD): *Medical Pioneer of the 20th Century, an Autobiography*, Biological Therapies Publishing, 2000.

Kalokerinos, Archie (MD): Dettman G. & Dettman I.: *Vitamine C, Nature´s Mitaculous healing Misslie*, Melbourne, 1993.

Klenner, Frederick Robert (MD): *The Treatment of Poliomyelitis and Other Virus Diseases with Vitamin C*, Reidsville, North Carolina, 1949.

Klenner, Frederick Robert (MD): *Vitamin C Heilt Kinderlahmung in 72 Stunden - 20.000 MG Vitamin C Taglich,* Books on Demand, 2016.

Dr. Lambrich, Louise L.: *Les vérités médicales*, Paris, 2013.

Dr. Lanctôt, Guylaine (MD): *La mafia médicale. Comment s'en sortir et retrouver santé et prospérité*, Édition Voici la Clef, 2002.

Dr. Lanctôt, Ghislaine (MD): *The Medical Mafia, Bridge of Love*, 1995.

Dr. Lanctôt, Ghislaine & Schafer, Joachim: *Le Procès de la mafia médicale*, Éd. Voici la Clef, 1998.

Langlet, Roger & Topuz, Bernard: *Des lobbies contre la santé*, Éd. Syros, 1998.

Loir, Adrien: *À l'ombre de Pasteur; souvenirs personnels*, Éd. Le Mouvement sanitaire, 1938.

Machelard, Yves: *Vacciner ou ne pas vacciner votre enfant*, Éd. Harmonie et Santé, 2009.

Dr. Mendelsohn, Robert (MD): *Confessions of a Medical Heretic*, 1979.

Dr. Mendelsohn, Robert (MD): *Des enfants sains, même sans médecin*, Éd. Vivez Soleil, 1987.

Miller, Neil Z. (Journalist): *Immunization Theory Vs. Reality: Expose on Vaccinations*, 1995.

Michaud, Jacques: *L'homéopathie pour une médecine différente*, Hrsg. 1977.

Neveu, Auguste Pierre: *Comment prévenir et guérir la poliomyélite : . 5e édition. Traitement cytophylactique des maladies infectieuses par le chlorure de magnésium*, Dangles, 1968.

Nonclercq, Marie: *Antoine Béchamp, l'homme et le savant*, Maloine, 1982.

Orient, Jane M. (MD): *Your Doctor Is Not ln*, 1994.

O'Shea, Tim (DC): *The sanctity of hum an blood - Vaccination is not Immunization*, 2001.

Dr. Pilette, Jean: *Nous te protègerons! Vaccin Polio,* Éd. Marco Pietteur, 2001.
Dr. Pilette, Jean: *La poliomyélite, quel vaccin? Quel risque?* Éd. de l'Aronde, 2004.

Quentin, Marie-Thérèse: *Les Vaccinations, prévention ou agression,* Éd. Vivez Soleil, 1995.

Rader, Serge, Montanari, Stefano, Gatti, Antonietta: *Vaccins, oui ou non?,* Talma Studios, 2018.
Rampton, Sheldon and Stauber, John: *Trust Us we're Experts - How Industry Manipulate Science and Gambles with your Future,* 2001.
Raspail, Xavier: *Raspail et Pasteur – Trente ans de critique médicale et scientifiques,* 1916.
Regush, Nicholas: *The Virus Within,* O.A.,2001.
Prof. Roitt: *Immunologie fondamentale et appliquée,* Éd. Medsi, 1989.

Dr. Schaller, Christian, Tal: *Vaccins, un génocide planétaire?,* Testez Editions, 2009.
Dr. Scheibner, Viera (PhD): *Vaccination, 100 Years of Orthodox Research Shows that Vaccinations Represent an Assault on the Immune System,* Maryborough 1993.
Dr. Scohy, Alain: *Les Dessous des vaccinations,* Éd. Cheminement, 2000.
Simon, Sylvie: *Vaccination, l'overdose,* Éd. Déjà, 1999.
Simon, Sylvie: *La Dictature médico-scientifique,* Ed. Dangles, 2006.
Simon, Sylvie & Dr. Vercoutère, Marc: *Hépatite B, les coulisses d'un scandale,* Éd. Marco Pietteur, 2001.
Simon, Sylvie: *Vaccins, mensonges et propagande,* Éd. Thierry Souccarm, 2013.

Tenpenny, Sheri J. (DO): *Saying No to Vaccines: A Resource Guide for Ali Ages,* 2008.
The Australian Vaccination Network: *Vaccination Roulette: Experiences, Risks and Alternatives,* 1998.
Prof. Tissot, Jules: *Constitution des organismes animaux et végétaux, causes des maladies qui les atteignent,* 3 volumes, Éd. du Laboratoire de Physiologie Générale, Paris, 1946.
Prof. Tissot, Jules: *La Catastrophe des vaccinations obligatoires,* Éd. de l'Ouest, 1950.
Thomas, Andrew: *Sur le rivage des mondes infinis - Une reserche de la vie cosmique,* Edition Albin, 1976.

Vie et Action: *Le Pasteurisme dépassé: Béchamp et Tissot contre Pasteur,* n° 32.

Walene, James: *The Vaccine Religion: Mass Mind & The Struggle for Human Freedom,* 2012.
Welter, Colette (PhD): *La mort subite du nourrisson,* O.A.
Welter, Colette (PhD): *Der plötzliche Kindtod ist kein Schicksal,* O.A.
Whitlock, Chuck: *Mediscams, How to Spot & Avoid Health Care Scams, Medical Fraud & Quackery from the Local Physician to the Major Health Care Providers & Drug Manufacturers,* 2001.
Willner, Robert: *Deadly Deception the Proof that Sex and HIV Absolutely Do Not Cause AIDS,* Peltec Pub Co, 1994.

Bücherliste

Andreas Bachmair, *Leben ohne Impfung* (2013).
Dr. Jean F. Elmiger, *Die wiederentdeckte Heilkunst – Neue Homöopathie*.
Jürgen Fridrich, *Impfen mit den Augen des Herzens betrachtet* (2. Auflage).
Humphries Suzanne, *Die Impf-Illusion*.
Friedrich Klammrodt, *AD(H)S – eine Impffolge?*
Friedrich Klammrodt, *Schule – AD(H)S – Impfungen!*
Dr. Johann Loibner, *Impfen – das Geschäft mit der Unwissenheit*.
Dr. Johann Loibner, *Mythos Ansteckung*.
Anita Petek-Dimmer, *Rund ums Impfen* (6. Auflage, 2013).

Bücher auf Französisch

Elke Arod, *Les racines de nos maladies (conséquences de la toxicité)* (2016).
Dr Jean. F Elmiger, *La médecine retrouvée*.
Dr Jean F. Elmiger, *Les maladies auto-immunes*.
Joët Françoise, *Tétanos – le mirage de la vaccination* (2019).
Michel Georget, *Vaccinations – les vérités indésirables*.

Bücher von Dr. Elmiger, sowie Broschüren bei: contact@aegis.lu

Broschüren - DVD

EFVV, *Untersuchung über Impfnebenwirkungen* (1000 Fälle).
AEGIS.lu, *Broschüre HPV-Impfung* (für Jugendliche).
Dr. Gilbert H. Crussol, *Gesundheit und Vitamin C* (3 Artikel).
Michael Leitner, *Wir impfen nicht!* DVD-Film (2014).
Eleanor McBean, *Impfungen schützen nicht*.
Dr. Jean Pilette, *Polio und Tetanus – Vermeidung und Heilung*.
Dr. André Neveu, *Polio ist heilbar*.
Colette Welter, *Impfen gegen Kinderkrankheiten?*
Colette Welter, *Der plötzliche Kindstod ist kein Schicksal*.

Deutschsprachige Webseiten

Deutschland:
www.libertas-sanitas.de
www.impfentscheid.de
www.impfkritik.de
www.impfen-nein-danke.de
www.efvv.eu (European Forum for Vaccine Vigilance)

Österreich:
www.aegis.at

Schweiz:
www.impfentscheid.ch

Luxemburg:
www.aegis.lu

European Forum for Vaccine Vigilance

(www.efvv.eu)

Impfungen sind in den meisten europäischen Ländern freiwillig. Unter keinen Umständen darf dazu gedrängt werden. Der Arzt muss vor jeder angebotenen Impfung über die „Risiken und Nebenwirkungen" informieren.

Impfschadensverdachtsfälle müssen vom Arzt (oder von anderen) gemeldet werden. Da dies quasi nie passiert, wird gerne geglaubt, Impfschäden seien sehr selten. So lange aber weder Ärzte solche Fälle melden, noch Betroffene den Staat verklagen, bleibt diese Illusion bestehen. Impfschäden existieren auch dann, wenn weder der Geschädigte noch der Arzt das Leiden als Impfschaden erkennen.

Deshalb ist es wichtig, Schäden zu melden und den Staat zu verklagen.

AEGIS Luxemburg e.V. (www.aegis.lu) ist Gründungsmitglied (1999) des *European Forum for Vaccine Vigilance*, arbeitet also eng mit allen europäischen impfkritischen Vereinigungen zusammen.

AEGIS wurde 1997 gegründet, aus dem tiefen Bedürfnis heraus, Informationen an Interessierte zu vermitteln, die weder Ärzte noch Gesundheitsministerium geben. AEGIS möchte, dass junge Eltern eine „informierte Entscheidung" zu den Impfungen treffen können – ganz ohne Druck.

AEGIS ist eine unabhängige Organisation, die nicht finanziell unterstützt wird. Alle Mitglieder des Vorstandes arbeiten kostenlos. AEGIS freut sich über Spenden (CCPLLULL - LU52 1111 1363 9311 0000 – AEGIS Luxemburg).

Nach einem Gesetz vom 4. Juli 2000, ist der luxemburgische Staat verpflichtet, Opfer von Impfnebenwirkungen zu entschädigen.

Impfschadensverdachtsfälle aus Luxemburg werden gemeldet an:

MINISTÈRE DES SOLIDARITÉS ET DE LA SANTÉ:

https://signalement.social-sante.gouv.fr/psig_ihm_utilisateurs/index.html#/accueil

Über den Autor

René Bickel wurde 1948 in den Nachkriegsjahren geboren, noch vor dem Aufkommen des technologischen Fortschritts und einer konsumorientierten Gesellschaft.

„Ich hatte das Glück, auf dem Land aufgewachsen zu sein, an einem Ort, der nicht durch den Menschen ausgebeutet wurde", sagt der Karikaturist.

René Bickel ist Autodidakt und ein engagierter und freidenkender Karikaturist. Er verbreitet seine Botschaft wie ein wahrer Ökologe und setzt hierfür seinen Humor als Waffe ein. René hat seine ganz eigene Art, die schwerwiegendsten Themen verständlich, klar, einfach und amüsant herüber zu bringen. Seine Arbeit ist lehrreich und humorvoll zugleich und trifft eindeutig das Interesse der Öffentlichkeit.

In seinen Comics zeigt Bickel kompromisslos die Gesellschaft hinter den Kulissen, und den „Fortschritt", der zu einer Neuen Weltordnung (NWO) führt. Er macht deutlich, dass das oberste geheime Ziel der NWO die Dominanz und Ausbeutung der Bevölkerung auf globaler Ebene ist.

Seine Intuition sagte ihm, dass man sein Vertrauen nicht auf die Schulmedizin setzen kann. Er selbst studierte Naturheilverfahren bei den Pionieren der Natürlichen Gesundheitslehre (Hygiène Naturelle) in Frankreich. Für sein erstes Buch: „Zucker und Ernährung" ließ er sich von seiner eigenen Diplomarbeit zum Berater für Natürliche Gesundheit und Ernährung inspirieren.

„Hier steht das theoretische Wissen an zweiter Stelle, denn die individuelle Erfahrung ist wichtiger. Ich habe viel Vertrauen in meinen Körper gewonnen. Die Angst vor Krankheiten ist komplett verschwunden."

In den 1970er Jahren begann Bickel sich große Sorgen um die Gefahren von Impfstoffen zu machen. Seitdem befasst er sich mit dieser Thematik.

René Bickel hat mehrere Comic-Bücher veröffentlicht (die meisten davon auf Französisch).

Von René Bickel sind erschienen

La malade enchainé: Liberons-nous de mos chaînes (1995)

Les chemins de la souveraineté individuelle

VACCINATION
La Grande Illusion

O.G.M. : Farines animales et autres vacheries

Découvertes intercites, l´affaire Beljanski

Être heureux: Le théâtre de la vie

L´Amorce d´un changement se dessine

Vaccination: The Great Illusion

Ne soyons pas dupes